# 지금 공부하는 게 수학 맞습니까?

**초등 부모용**

수학 자존감을 살리는
자기주도학습 7단계 로드맵

초등 부모용

최수일 지음

비아북
ViaBook Publisher

# 아이의 낮아진 수학 자존감을 회복하려면

저는 1984년부터 27년 동안 학교에서 근무하며 고등학생을 주로 가르쳤습니다.

수학으로 괴로워하는 학생을 수없이 만났지만, 학생들이 왜 수학 공부를 힘들어하는지 사실은 잘 몰랐습니다. 초등학교와 중학교를 거치면서 누적된 학습 결손은 어떻게 손쓸 수 없는 상태인 것처럼 보였고, 나름 애써보았지만 이미 굳어진 상태를 바꾸기에는 역부족이었습니다. 애쓴 만큼 무기력감이 커졌지요.

2011년 학교를 떠난 뒤 2가지 사건을 겪었습니다. 하나는 교육부 학부모수학교실 연구사업단 단장을 맡은 일이었습니다. 2년 동안 전국 100여 개 초등학교에서 학부모들의 수학 공부에 대한 인식을 바꾸기 위해 강연을 했습니다. 학부모들에게 도움을 드리겠다는 생각으로 임했지만, 강연 후 이어지는 질문이 오히려 저에게 큰 깨우침과 학습의 기회를 제공했습니다. 2년 내내 초등수학을 공부하면서 새로운 깨달음을 얻었습니다. 솔직히 저는 이때 초등학교 수학을 처음 공부하게 되었는데, 여기서 중·고등학교 수학의 기초를 발견했던 것입니다. 이 경험으로 중·고등학생이 수학을 어떻게 공부해야 하는지 비로소 이해할 수 있었습니다. 수학 공부에 빛이 보였지요.

두 번째는 시민단체인 사교육걱정없는세상에서 상근자로 일하게 된 것이었습니다. 산적한 교육 문제를 시민의 힘으로 해결하고자 모인 4,000여 명의 회원들이 있었고, 수학교육도 해결해야 하는 핵심 문제 중 하나였습니다. 간간이 회원 자녀 중 초등학생들을 만나는 것은 정말 값진 체험이었습니다. 아이들의 수학 공부에 대한 인식과 공부 방법 등을 살펴보는 기회가 되었지요. 그리고 학생들을 한 줄로 세우기 위해 점수를 매기는 지필고사 제도가 지속되는 동안 학생과 학부모 들의 수학과 수학 공부에 대한 인식이 심하게 왜곡되었다는 사실도 발견하게 되었습니다.

학교를 떠난 지난 10년여의 고민은 '수학 공부는 자기주도가 불가능한가?', '사교육을 받지 않고 수학 시험에서 높은 점수를 받는 것은 불가능한가?', '선행학습을 하면 정말 수학 공부를 잘할 수 있는가?', '심화문제, 사고력 문제를 풀면 수학적 사고력이 정말 향상되는가?' 등으로 요약할 수 있습니다. 이런 고민에 대한 답을 얻는 데는 시간이 필요했고, 10년여의 실험과 관찰로 모든 고민을 해결할 수 있었습니다. 그 결론으로 다음과 같은 명제를 만들었습니다.

'아이들이 지금 공부하는 것은 수학이 아니다!'

이것은 5년 전 교사들을 향해 던진 질문인 '지금 가르치는 게 수학 맞습니까?'에 이은 두 번째 명제입니다. 『지금 공부하는 게 수학 맞습니까?』는 5년 전 제가 교사로서 가르치는 문제에 대한 답을 정리하여 썼던 책의 제목이기도 합니다. 그러나 수학교육의 문제는 가르치는 데만 있는 것이 아니라, 아이들이 공부하는 과정에서도 발생하기 때문에 다시 『지금 공부하는 게 수학 맞습니까?』라는 책을 쓰게 되었습니다.

수학 공부에서 자기주도가 어려웠던 것은 절차적인 학습 방법 탓입니다. 이것을 개념적인 학습 방법으로 바꾸면 자기주도학습으로도 수학을 공부할 수 있습니다. 많은 사례가 이를 뒷받침해줍니다. 아이의 수학 점수로 상처받은 학부모들에게 힘이 되고 싶습니다. 우리 아이들은 수학을 못하는 것이 아니라 시험 점수 때문에 자존감을 잃은 것입니다. 이 책은 아이들의 수학 공부를 돕고, 이를 지켜보는 학부모 여러분의 수학에 대한 자존감을 회복시키기 위해 쓰여졌습니다.

이 책에서 말하는 개념적인 학습법은 쉽게 습득할 수 있는 것은 아닙니다. 무엇보다 아이와 부모님 모두 함께 노력해야 합니다. 특히 부모님의 역할이 중요합니다. 부모님 역시 '수포자'였던 경험이나 학창 시절 수학 때문에 상처받았던 나쁜 기억을 어떻게든 자녀에게 대물림하지 않으려는 간절한 마음이 클 것입니다. 이제 화목했던 가정 분위기가 수학 점수로 깨지고, 부모와 자녀 사이의 관계가 벌어지는 일은 없어야 합니다. 아이를 존중하고 기를 세워주는 '선생님 놀이'는 아이와 정서적으로 교감하고, 아이의 자기주도적 학습능력을 키워주는 최고의 학습법이 될 것입니다. 수학 공부에 대한 주도권이 아이에게 부여되는 순간 아이는 자신에 대해 신뢰감을 갖게 되고, 이것이 자기주도학습을 지탱하는 힘이 됩니다.

저는 앞으로도 계속 아이들과 부모님들을 돕고자 합니다. 그리하여 미래 세대의 우리 아이들 모두가 '창의력과 문제해결능력을 갖춘 주체적인 시민'으로 성장하기를 간절히 바랍니다.

2022년 늦봄에
최수일

# Contents

들어가며

# 학교 수업과 조화를 이루는
# 자기주도 수학 학습 로드맵

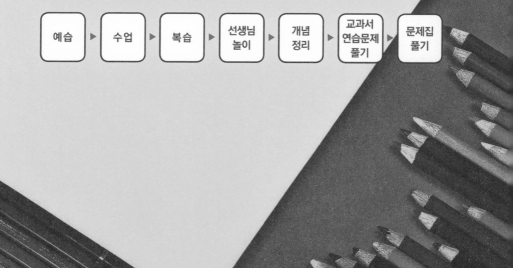

예습 ▶ 수업 ▶ 복습 ▶ 선생님 놀이 ▶ 개념 정리 ▶ 교과서 연습문제 풀기 ▶ 문제집 풀기

## 정말 사교육 없이는 수학 공부가 불가능할까?

대한민국은 이제 사교육 없이 공부하는 것을 생각조차 할 수 없는 나라가 되었습니다. 2021년 12월 사교육걱정없는세상에서 조사한 내용을 보면, '학교 수학 성적을 올리기 위해서는 사교육이 필요하다'고 응답한 비율이 초등학교 6학년 학생의 75.8퍼센트, 중학교 3학년 학생의 83.8퍼센트, 고등학교 2학년 학생의 86.7퍼센트였습니다. 학교의 급이 올라갈수록 사교육을 필요로 한다는 것을 확인할 수 있습니다.

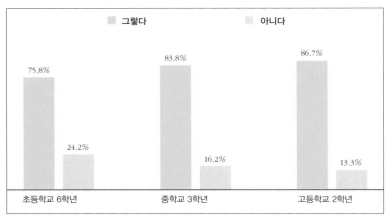

그렇다     아니다

75.8%    83.8%    86.7%

24.2%    16.2%    13.3%

초등학교 6학년     중학교 3학년     고등학교 2학년

'학교 수학 성적을 올리기 위해서는 사교육이 필요한가요?'에 대한 학생 응답 결과

정말 사교육의 도움 없이는 수학 공부가 불가능할까요?

이 책은 바로 이 문제에 답을 하고 있습니다. 모두가 사교육의 도움 없이는 수학 공부가 불가능하다고 말할 때, 이 책은 아니라고 말합니다. 수학을 자기주도적으로 공부한다는 것은 정말 용기가 필요한 일입니다. 그런데 사교육을 받지 않아도 되는 이유, 받지 않고도 공부할 수 있는 방법이 있습니다. 지금부터 사교육의 도움 없이 수학 공부를 해낸 학생들의 사례와 함께 그 방법을 소개하려 합니다.

## 자기주도학습을 놓으면 고등학교 수학이 어려워진다

진명이는 초등학교 시절에 줄곧 자기주도적으로 수학 공부를 해왔

지금 공부하는 게 수학 맞습니까?

습니다. 그런데 중학교 올라가서 첫 중간고사 수학 시험을 망쳤습니다. 부모님은 진명이를 믿고 기말고사까지 기다렸지만 진명이의 성적은 기말고사에서도 나아지지 않았습니다. 결국 여름방학 때부터 사교육에 발을 들여놓은 진명이는 2학기 중간고사와 기말고사 성적이 많이 올랐고 상위권을 유지하게 되었습니다. 그러자 부모님에게는 새로운 걱정이 생겼습니다. 진명이의 사교육 의존도가 높아지면서 스스로 공부하는 시간이 점점 없어졌기 때문이지요. 부모님은 사교육을 그만둘 것을 권했지만 진명이는 이를 거부했습니다. 사교육 수업에서는 문제 풀이 방법을 편하게 외우기만 하면 되는데, 혼자서 공부하게 되면 문제를 풀기 위해 고민해야 하고, 잘 풀리지 않으면 어차피 해답을 외울 수밖에 없기 때문이었지요.

드디어 고등학교에 입학한 진명이는 1학년 모의평가에서 뜻밖에 수학 5등급을 받았습니다. 이어서 가을에도 5등급을 받자 정신이 번쩍 들었지만, 자기주도적인 공부를 하지 않은 지 너무 오래되어 다시 시작할 자신이 없었습니다. 지금껏 이공계에 진학하고자 했던 진명이는 결국 수학을 포기하고 인문사회계로 진로를 정하여 여러 선택과목을 공부했습니다. 수학은 이제 나아질 길이 없는 과목이라고 생각한 것이지요. 고1 또는 고2 때부터라도 개념적인 수학 공부를 시작하면 충분히 따라잡을 수 있다는 사실을 진명이는 전혀 몰랐던 것입니다. 물론 쉽지 않겠지요. 그래도 불가능한 일은 아닙니다.

## 변화는 고등학교 2학년부터 온다

수학을 혼자서도 공부할 수 있다는 사실을 믿지 않는 학생이 많습니다. 다른 과목은 곧잘 하면서 수학만 젬병인 학생도 있지요. 모두 주변의 영향이 큽니다. 수학 공부만큼은 모두들 사교육의 도움을 받고 있으므로 혼자 해보다가도 어느 순간 성적이 뒤처지면 곧 친구들을 따라 사교육에 발을 들이지요.

시험 성적은 좋을 수도, 나쁠 수도 있습니다. 그런데 대부분의 사교육은 일차적인 목표가 학교 시험 성적을 높여주는 것이므로 혼자 공부하는 학생의 성적과 사교육의 도움을 받는 학생의 성적이 당장은 차이가 날 수밖에 없습니다. 그러나 모든 것은 순간입니다. 자녀가 지금 사교육을 받는 친구보다 성적이 다소 뒤처진다고 해서 중학교 때도 그럴 것은 아닙니다. 물론 자기주도학습을 철저히 실행한 학생의 경우에 말입니다.

고등학교는 2학년이 가장 급변하는 시기입니다. 수학은 고1 과정까지는 공통으로 똑같이 배우지만 고2부터는 진로에 따라 선택과목이 달라집니다. 이공계로 진학하려는 학생들과 인문사회계로 진학하려는 학생들이 배우는 수학 과목이 다르고, 매주 이수하는 시간 수도 차이가 나기 시작합니다. 이공계로 진학하려는 학생들은 수학 시간이 더 많아지고 배우는 내용도 급격히 늘어나지요. 이런 변화에 아랑곳하지 않고 힘차게 치고 나가는 학생들은 대부분 자기주도학습을 해온 학생들입니다. 어려서부터 사교육으로만 수학을 공부한 학생들은 그 전에 한계에 도달하고 맙니다.

　물론 자기주도학습을 제대로 실천하지 못하면 친구들이 사교육에서 열심히 공부하는 동안 시간을 낭비하는 것밖에 되지 않습니다. 친구들이 하루 3시간씩 사교육을 받는다면 나는 혼자서 3시간 또는 그 이상의 공부를 해야 합니다. 사교육 선생님의 도움을 받는 친구만큼의 또는 그보다 더한 노력을 들여야 하는 것은 당연한 일입니다.

재욱이는 고등학교 1학년이 되어서야 꿈이 생겼다. 틈틈이 연습한 태권도가 수준급이었고 체력도 좋았기에 경찰대학이나 사관학교에 진학할 것을 굳게 마음먹은 것이었다. 그런데 수학 성적이 마음에 걸렸다. 고1 3월 수능 모의평가에서 턱걸이로 3등급에 들었는데, 경찰대나 육사의 입학 수준을 알아보니 수능 성적이 1등급이어도 쉽지 않았다. 그런데 1학기 기말고사를 마치고 수학을 개념적으로 공부해야 한다는 조언을 듣게 되었고, 여름방학 때부터 혼자 교과서를 중심으로 고1 수학 내용을 개념적으로 이해하고 정리하는 작업을 시작했다. 개념적으로 이해했더니 정말 누가 물어봐도 고1 수학 개념을 척척 설명할 수 있는 수준이 되었다. 2학기 9월 모의평가에서는 가장 어려운 30번 한 문제만 제외하고 다 풀어서 96점, 1등급을 받았다. 전 같으면 헷갈려서 풀지 못했을 문제가 이제는 다 풀리는 것을 보고 개념적인 이해의 힘을 느꼈다. 그래서 학교 진도에 맞춰 그날그날 배운 개념을 정확하게 정리하고 거기에 맞는 문제를 푸는 방법으로 차근차근 공부해나갔다. 학교 내신 성적이 날로 향상되었고, 육군사관학교에 지원하여 결국 합격의 기쁨을 맛보았다. 스스로 공부하고 정리한 개념적인 학습법에 자부심이 느껴졌다. 노력한 만큼 결과가 나온다는 것도 알게 되었다.

재욱이의 성공 요소는 자기주도학습이었습니다. 재욱이는 중학교까지 성적이 썩 좋지 않았지만 항상 나름의 자기주도학습을 했고, 독서를 많이 했습니다. 경찰이나 군인 장교의 꿈을 갖기 전까지는 막연하지만 역사에 관심이 많았기 때문에 역사나 철학에 관한 책을 꾸준히 읽었는데, 그랬던 것이 큰 힘이 되었다고 합니다.

초등학교 시절부터 자기주도적으로 개념적인 공부를 한다면, 그리고 다른 친구들이 사교육을 받는 시간과 비슷한 정도를 수학 공부에 투자한다면 사교육을 받은 아이들에게 뒤지지 않습니다. 그리고 자기 목표와 진로에 따라서 노력한다면 수학 공부를 못 할 이유가 없습니다. 초등학교 시절 자기주도적으로 공부할 수 있는 것은 학교 시험 성적이 상대적으로 평가되지 않고, 시험문제도 그다지 어렵지 않기 때문입니다. 그러나 중학교 때가 고민입니다. 학교 위치에 따라 사교육이 과열된 지역이라면 변별을 위해 수학 문제가 어렵게 출제될 수 있고, 이때 공부한 만큼 성적이 나오지 않으면 자기주도적인 공부 방법을 포기할 가능성이 있습니다. 중학교 시기의 이런 갈등을 예견하여 성적이 다소 떨어지더라도 기본적인 개념에 대한 이해만 충분하면 고등학교 수학 공부를 잘 해낼 수 있다는 믿음을 바탕으로 갈등을 극복해야 합니다.

## 성공할 학생은 애초에 정해져 있다

사교육을 조기에 받아서 성공한 사례가 많이 들려옵니다. 반면 자기 주도적으로 공부해서 성공한 사례는 상대적으로 없는 것처럼 느껴집니다. 하지만 사교육을 받는 학생의 비율이 전체 학생의 90퍼센트 정도임을 감안하면, 사교육의 도움을 받아서 성공한 사례가 9명일 때 자기주도적으로 공부해서 성공한 사례가 1명만 있어도 학습의 효과는 비슷한 셈입니다. 그런데도 사람들은 사교육을 받으면 성공할 확률이 높은 것처럼 느낍니다. 이는 수학의 핵심 개념 중 하나인 비례적인 추론능력이 부족한 탓일 수 있습니다.

사교육을 받았느냐, 받지 않았느냐보다는 어떻게 공부했느냐가 더 중요합니다. 사교육을 받으면서도 철저히 개념적으로 이해하는 공부법을 유지했다면 문제 될 것이 없습니다. 하지만 이런 학생은 10퍼센트 정도에 불과합니다. 성공한 몇몇의 사례가 사교육의 효과를 증명해주는 것이 아닙니다. 또 실패한 사례가 알려지지 않았다고 해서 사교육의 효과 없음이 숨겨지지 않습니다. 사교육을 받고 성공한 학생은 사교육을 받아서가 아니라 개념적으로 공부했기 때문에 성공한 것입니다. 이 학생은 사교육을 받지 않았어도 개념적으로 공부했을 것이고, 그런 경우 충분히 성공합니다. 마찬가지로 사교육을 받지 않고 성공한 학생은 만약 사교육을 받았더라도 개념적인 공부를 했을 것이므로 결국에는 분명 성공했을 것입니다. 성공은 사교육

여부가 아니라 학습법의 차이에 달려 있습니다.

자기주도적인 학습법으로 공부하던 학생이 사교육의 도움을 받기 시작하면, 사교육에서 선생님에게 배우는 데 많은 시간을 할애하게 되어 자기주도적인 공부 시간이 줄어들 수밖에 없습니다. 사교육 의존도가 높아지는 쪽으로 차츰 기울어지면 결국에는 자기주도성이 약화되고 실력 향상을 기대할 수 없는 상태에 이르기도 합니다. 이런 경우 사교육의 도움을 받는 것이 역설적이게도 실패 확률을 높이는 길이 됩니다.

그럼에도 사교육의 도움을 받기를 원한다면 단기간(2~3개월) 특정 과목이나 특정 영역에 대한 취약점을 보완하는 차원에서 이용할 것을 권장합니다. 사교육에 의존하는 기간이 길면 길수록 스스로 공부하는 시간은 줄어듭니다. 자기주도적인 공부를 하는 시간이 줄어드는 것은 정말 바람직하지 않습니다.

그렇다면 학교 수업과 조화를 이루면서 학생 스스로 공부하려면 어떻게 해야 할까요? 그리고 이 방법으로 수학 공부가 충분할까요?

이것이 학교 수업과 조화를 이루는 자기주도 수학 학습 7단계 로드맵입니다.

1단계

# 예습으로 생각 열기

예습 ▶ 수업 ▶ 복습 ▶ 선생님 놀이 ▶ 개념 정리 ▶ 교과서 연습문제 풀기 ▶ 문제집 풀기

## 예습은 무엇으로 할까

예습은 학교 수업에 대비하기 위해 미리 공부하는 것입니다. 사람의 기억은 그리 오래가지 못합니다. 그러므로 예습은 학교 수업보다 길면 1~2주 전, 짧으면 하루나 이틀 전에 하는 것이 효과적입니다.

이에 비해 한 학기 정도 빨리 하는 공부는 선행학습이라고 합니다. 학습능력이 뛰어나 선행학습을 하는 것이라면 또 모를까 능력이 부족한데 사교육의 힘을 빌려서까지 선행학습을 하는 것은 그리 바람직하지 않으며 효과 또한 기대하기 어렵습니다.

예습에서 가장 신경 써야 할 부분은 새로 배울 개념의 배경지식이 되는 내용을 다시 정리하는 것입니다. 교과서와 익힘책 맨 앞 장에 나온 문제들을 풀어보는 것이 한 가지 방법일 수 있습니다. 교과서와 익힘책은 새로운 단원을 시작하기에 앞서 새 단원에 필요한 배경 지식을 묻는 문제를 풀어볼 수 있도록 구성되어 있습니다. 이 부분을 신경 써서 공부하는 경우를 거의 볼 수 없는데, 부모님은 자녀가 꼭 스스로 이 부분을 풀고 있는지, 어디가 부족한지, 새로운 개념을 배울 준비가 충분한지 체크해봐야 합니다. 만약 풀지 못하는 문제가 있다면 새로운 단원을 수업하기 전에 반드시 이전의 해당 개념으로 되돌아가 복습을 하고 돌아와야 합니다.

## 예습의 시작은 과거에 배운 개념 끌어내기

예습의 시작은 과거의 문제를 푸는 것이 아니라 과거에 배운 개념을 끌어내는 것입니다. 새로운 개념에 필요한 사전 지식이 있어야 자기 주도적으로 수학을 공부할 수 있습니다. 성인의 도움을 최소화하려면 자기만의 지식이 있어야 하고, 실제로 아이들은 과거에 배운 개념을 다 머릿속에 가지고 있습니다. 예습을 할 때 참고할 교재로 『수학의 미래』가 있습니다. 『수학의 미래』 '기억하기'와 '생각열기'를 통해 예습을 할 수 있습니다.

　3학년 1학기 첫 단원은 '세 자리 수의 덧셈과 뺄셈'입니다.
　이 단원을 공부하기 전에 먼저 『수학의 미래』를 펼치고 '기억하기'를 공부합니다.

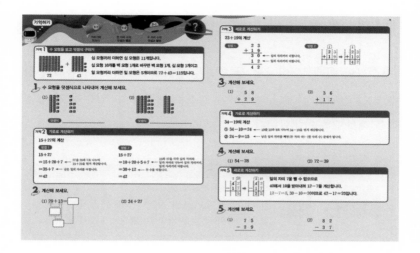

세 자리 수의 덧셈과 뺄셈을 배우기 전에 예습해야 할 부분은 한 자리 수나 두 자리 수의 덧셈과 뺄셈이고, 이보다 더 앞선 것은 가르기와 모으기 개념입니다. 상단의 내비게이션에서 연결된 개념들을 한눈에 확인할 수 있습니다.

이런 개념들을 미리 챙겨두는 것은 새로 배울 개념을 추측하고, 아직 배우지 않았어도 이전 개념을 충분히 연결하면 새로 배울 개념을 알아차릴 수 있기 때문입니다. 그래서 이전 개념을 끌어내어 연결하는 작업은 새로 배울 것을 공부하는 예습에서 필수적입니다.

『수학의 미래』는 이러한 관계를 화살표로 연결하고 있습니다.

『수학의 미래』는 이어서 각 개념을 정리하고 해당 개념을 확인할 수 있는 간단한 문제를 제시하여 스스로 해결할 수 있는지 자기 점검을 해보도록 안내합니다.

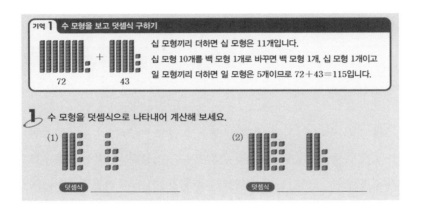

첫 번째 기억하기는 수 모형을 보고 덧셈식을 구하는 것입니다. 두 자리 수의 덧셈을 수 모형으로 설명한 다음, 간단한 문제를 제시하여 학생 스스로 해결해보도록 합니다. 이 문제를 해결할 수 있다면 새로 배울 세 자리 수의 덧셈을 수 모형으로 이해할 준비가 된 것입니다. 만약 이 문제를 해결하는 데 어려움이 있다면 2학년으로 되돌아가 복습을 하고 돌아옵니다.

이어서 『수학의 미래』는 두 자리 수의 덧셈을 가로로 계산하는 방

지금 공부하는 게 수학 맞습니까?

법을 기억하게 합니다. 예시를 통해 2가지 계산 방법을 보여주고, 학생 스스로 해결할 수 있는 문제를 제시합니다.

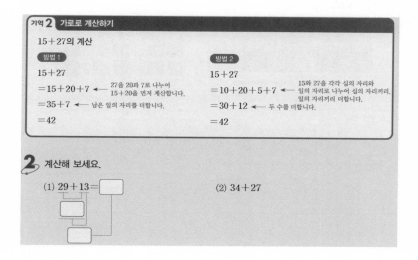

## 열린 질문으로 아이의 상상력을 이끌어낸다

기억하기 예습이 끝나면 이제 새로운 개념을 연결해야 하는데, 과거의 개념과 새로 배울 개념이 부드럽게 연결되려면 아이의 상상력이 필요합니다. 기존 교과서는 다음 개념에 빠르게 진입하기 때문에 아이 스스로 생각할 여유가 없지요. 성인들이 쌓아주는 새로운 개념이 아이의 생각으로 자리 잡기는 어렵습니다. 그 뿌리가 약해서 그리 오래가지 못합니다.

이때는 『수학의 미래』 '생각열기'와 같은 질문이 필요합니다.

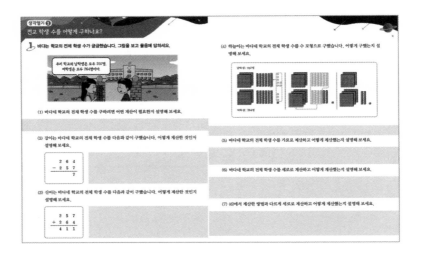

새로 배울 세 자리 수의 덧셈 상황이 제시되어 있습니다. 이름에서 짐작할 수 있듯이 생각열기는 생각을 여는 질문으로 구성되어 있고, 열린 생각을 묻기 때문에 답변이 다양할 수 있습니다. 심지어는 답이 없을 수도 있습니다. 그리고 답이 틀려도 괜찮습니다. 생각을 충분히 열어서 다양한 생각을 내놓게 하는 것이 생각열기의 의도입니다. '전교 학생 수를 어떻게 구하나요?'라는 제목을 붙인 것도 수학적인 용어가 아니라 학생들에게 친숙한 일상용어를 사용함으로써 꼭 정답을 맞혀야 한다는 부담을 내려놓도록 배려한 것입니다. 참고로 이 부분의 교과서 본문 제목은 '덧셈을 해 볼까요'입니다. 비교가 되지요?

지금 공부하는 게 수학 맞습니까?

첫 과제는 학교의 전체 학생 수를 구하는 데 어떤 계산이 필요한 지를 설명하는 것입니다. 교과서에서는 이미 '덧셈을 해 볼까요'라 는 제목으로 답이 덧셈임을 알려주지만, 『수학의 미래』에서는 직접 적인 제목을 제시하지 않음으로써 어떤 계산이 필요한지 스스로 생 각할 시간을 줍니다. 이에 따라 학생들도 생각을 열게 됩니다.

바다는 학교의 전체 학생 수가 궁금했습니다. 그림을 보고 물음에 답하세요.

우리 학교의 남학생은 모두 257명. 여학생은 모두 264명이야.

(1) 바다네 학교의 전체 학생 수를 구하려면 어떤 계산이 필요한지 설명해 보세요.

(3) 산이는 바다네 학교의 전체 학생 수를 다음과 같이 구했습니다. 어떻게 계산한 것인지 설명해 보세요.

```
    2 5 7
+   2 6 4
─────────
    4 1 1
```

세 자리 수를 세로로 더하는 방법은 아직 배우지 않았지만 기억하기에서 두 자리 수를 세로로 더하는 방법을 복습했지요. 그 개념을 연결하면 주어진 세 자리 수를 세로로 더하는 과정에 실수가 포함된 풀이를 학생 스스로 평가하는 권한을 행사할 수도 있습니다. 받아올림에서 일어나는 실수는 두 자리 수의 덧셈에서도 경험하기 때문에 학생 스스로 문제점을 판단할 수 있고, 그 결과 스스로 세 자리 수의 덧셈을 세로로 할 수 있는 능력이 발휘됩니다. 사실 이 정도면 세 자리 수를 세로로 더하는 계산은 배우지 않았어도 이미 학습한 것이나 다름이 없습니다.

## 수업 전에 질문 목록을 만든다

『수학의 미래』에서 기억하기와 생각열기 예습을 마쳤으면 교과서 예습을 시작합니다. 교과서는 대부분 매일 배우는 분량이 2쪽 정도입니다. 예습에서 가장 중요한 것은 교과서를 한 줄씩 자세히 읽으면서 이해하는 것입니다. 그리고 이해되지 않는 부분이 있으면 반복해서 읽고, 이해하려고 시도합니다. 그래도 이해되지 않는 부분이 있으면 표시를 해둡니다. 예습에서는 완벽한 것을 지양합니다. 예습은 개념을 발견하고 호기심을 키우는 정도가 적당합니다. 학교 수업에 대비하여 수업에 대한 집중력을 높이는 것이 목적이지요. 예습에서 이해하지 못한 부분을 질문 목록으로 만들면 더욱 효과적입니다.

4학년인 은규는 일주일 전에 '각도'를 공부했다. 3학년에서 배운 직각과 직각삼각형, 직사각형에 대한 사전 지식을 다시 상기한 다음 교과서를 차분하게 읽고, 이해하지 못한 내용은 5가지 질문으로 정리해 목록을 만들었다. 그랬더니 궁금증이 생겨서 수업이 기다려졌다.

### 각도 질문 목록

- 멀리 떨어져 있는 각의 크기는 어떻게 비교할 수 있을까?
- 왜 1°를 먼저 정하지 않고 직각을 90으로 나눈 것 중 하나를 1°라고 할까?
- 각도기에 쓰여 있는 숫자가 항상 2개인데 어떤 수를 읽어야 하나?
- 90°보다 작은 각을 왜 예각이라고 했을까?
- 사각형의 네 각의 크기의 합은 꼭 360°일까?

2단계

# 수업에서 질문하기

예습 ▶ **수업** ▶ 복습 ▶ 선생님 놀이 ▶ 개념 정리 ▶ 교과서 연습문제 풀기 ▶ 문제집 풀기

## 질문과 발표는 최고의 공부법이다

예습을 꼼꼼히 하고 질문 목록까지 만들었으면 이제 학교 수업에 집
중할 수 있습니다. 이미 아는 것과 모르는 것을 구분하는 메타인지
학습이 일어났기 때문에 스스로 무엇에 집중해야 할지 판단할 수 있
지요. 이해가 부족하다고 느낀 부분을 질문 목록에 넣어뒀을 것이기
때문에 그 부분에 대한 설명에는 귀를 더 기울이게 됩니다.

　학교 수업에서 선생님들은 학생들에게 자주 질문을 던지고, 학생
들이 발표할 기회를 많이 제공합니다. 따라서 발표할 기회가 생기면
적극적으로 나서야 합니다. 자기가 알고 있는 것을 다른 사람에게
설명하는 '선생님 놀이'는 수학 개념을 제대로 이해했는지 판단할
수 있는 최고의 도구이자 유일한 도구입니다.

드디어 각도에 대한 수업이 시작되었다. 수업에서는 여러 가지 학습이 진행되었는데, 은규는 특히 질문 목록으로 만든 다음 5가지에 대해서는 집중력을 발휘해 이해하려고 노력했다. 그 결과 3가지는 확실히 이해하게 되었는데, 다른 2가지에 대한 궁금증은 아직 풀리지 않았다.

---

**각도 질문 목록**

- 멀리 떨어져 있는 각의 크기는 어떻게 비교할 수 있을까?
- 왜 1°를 먼저 정하지 않고 직각을 90으로 나눈 것 중 하나를 1°라고 할까?
- 각도기에 쓰여 있는 숫자가 항상 2개인데 어떤 수를 읽어야 하나?
- 90°보다 작은 각을 왜 예각이라고 했을까?
- 사각형의 네 각의 크기의 합은 꼭 360°일까?

---

그래서 수업 도중에 손을 들어 질문을 했다. "선생님, 사각형의 네 각의 크기의 합은 꼭 360°인가요? 359°나 361°가 되는 경우도 있지 않을까요?" 선생님은 즉시 답변을 해주지 않고 다른 학생들에게 이 질문에 대한 생각을 물었다. 한 친구가 사각형을 찢어서 네 각을 한 군데로 모으면 평면이 꽉 차기 때문에 360°가 된다고 설명했고, 선생님은 좋은 설명이라고 칭찬해주었다. 그런데 거기까지는 은규도 생각한 내용이었다. 은규는 집에 돌아와 다시 고민을 시작했다. 삼각형의 세 각의 크기의 합이 180°임을 먼저 배웠으므로 이 사실을 연결해보자고 생각했다. 그러자 사각형을 쪼개면 삼각형 2개가 된다는 사실이 떠올랐고, 180°의 2배이므로 360°라는 답을 얻게 되었다. 삼각형의 세 각의 크기의 합이 180°라는 사실을 이용할 수 있다는 것이 놀랍고 신기했다.

질문 목록 중 학교 수업을 통해 해결된 것을 따로 체크하고, 수업 중 선생님 설명을 통해서도 이해할 수 없는 부분은 반드시 그 시간에 선생님 또는 주변 친구들에게 질문해보며 다시 공부합니다. 중요한 것은 질문 목록 중 내가 이해한 것과 이해하지 못한 것을 구분하는 일입니다. 이해하지 못한 것은 복습 활동을 통해 다시 이해해보도록 노력합니다.

중학교 3학년에게 수학을 가르친 적이 있었는데, 이해 속도가 다른 학생에 비해 많이 느린 학생이 있었다. 이 학생은 수업 시간에 수업 내용을 연습장에 무조건 받아 적어놓고 수업이 끝나면 잽싸게 복도로 따라 나와서 나를 붙잡았다. 쉬는 시간 10분 동안 이해가 안 되는 부분을 물어서 해결하고, 부족하면 방과 후에 다시 찾아오기도 했다. 알고 보니 이 학생은 수학뿐 아니라 모든 수업을 이와 같은 방법으로 공부해나가고 있었다. 쉬는 시간마다 어떤 과목의 선생님이든 복도에서 붙잡고 물어보는 광경이 수시로 목격되었던 것이다.

이 학생이 고등학교에 가서도 똑같은 방식으로 공부한다는 소문을 친구들로부터 전해 들었는데 나중에 알아봤더니 교육대학에 입학해서 초등학교 선생님이 되었다고 했다. 교육대학에 입학하려면 당시에도 아주 높은 점수를 받아야 했다. 이렇게 매일매일 개념적인 이해를 놓치지 않고, 수업에 충실하면서 부족한 부분은 그날그날 질문하여 해결하는 끈질긴 모습이 좋은 성적을 낼 수 있었던 원동력이 된 것으로 생각한다.

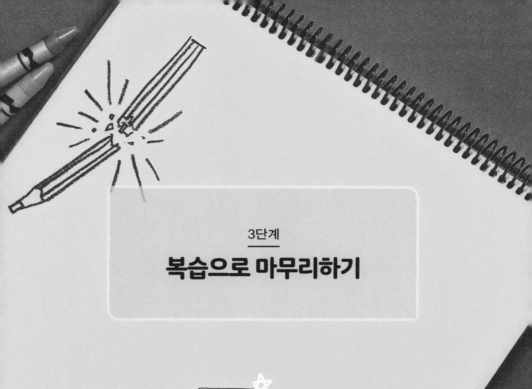

3단계
___

# 복습으로 마무리하기

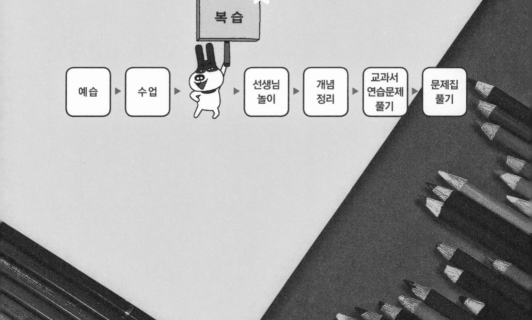

복습

| 예습 | ▶ | 수업 | ▶ | | ▶ | 선생님<br>놀이 | ▶ | 개념<br>정리 | ▶ | 교과서<br>연습문제<br>풀기 | ▶ | 문제집<br>풀기 |

## 복습은 교과서로 시작한다

복습의 첫 시작은 교과서입니다.

학교에서 배운 내용을 하나씩 점검하고 모두 이해할 수 있는지 확인합니다. 질문 목록에 아직 남아 있는 것, 미처 이해하지 못한 부분은 다시 공부합니다. 이전 개념의 이해가 부족하다면 『개념연결 초등수학사전』을 펼쳐 다시 공부하는 방법으로 도움받을 수 있습니다.

은지는 중학교 때까지 수학 공부가 너무 힘들어서 수학을 거의 포기하고, 중소 도시의 일반계 고등학교에 입학했다. 당시 수학 내신은 8등급, 수능은 9등급이었다. 그런 은지가 고3 때 수능과 내신에서 모두 1등급을 받을 수 있었던 비결은 교과서 공부였다. 중학교에서 수학 공부를 할 때는 교과서를 본 적이 거의 없었다. 그런데 고1 때 만난 선생님의 생각은 달랐다. 수학 교과서를 진지하게 읽고 이해할 것을 거듭 강조했다. 은지는 썩 내키지 않았지만 선생님의 완고함에 눌려 교과서를 읽기 시작했다. 읽다 보니 교과서에는 수학 공식에 대한 증명이 논리적으로 설명되어 있다는 것을 알 수 있었다. 이를 자세히 보니 공식이 나온 과정이 이해되면서 어느 순간 문제가 풀리기 시작했다. 은지 자신은 물론 주변의 많은 친구가 그냥 공식을 넣어 문제를 풀고 말지, 개념을 이해하려고는 시도조차 해보지 않는 것이 수학 공부의 가장 큰 장벽이었다는 사실을 깨달았다.

## 복습의 마무리는 개념을 정리하는 것이다

교과서를 충분히 이해했다면 『수학의 미래』 '개념활용'으로 복습을 마무리할 수 있습니다. 교과서 내용 중 이해하지 못한 부분이 있었더라도 개념활용을 해결하면서 다시 공부하여 이해할 수 있습니다. 마무리는 생각을 정리하는 것이므로 개념활용은 닫힌 질문으로 구성되어 있습니다. 다음은 『수학의 미래』 3-1에 실린 개념활용입니다.

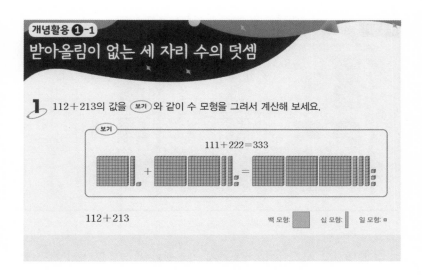

**개념활용 1-1**

# 받아올림이 없는 세 자리 수의 덧셈

**1** 112+213의 값을 **보기** 와 같이 수 모형을 그려서 계산해 보세요.

**보기**

111+222=333

112+213

백 모형: ▨   십 모형: ▮   일 모형: ▫

교과서에서 공부한 세 자리 수의 덧셈 중 받아올림이 없는 것부터 차례로 정리합니다. 첫 과제는 수 모형을 그려서 계산하는 것입니다. 이후에는 받아올림이 포함된 다양한 세 자리 수의 덧셈을 하게 됩니다. 가로로 더하는 방법, 세로로 더하는 방법도 각각 여러 가지인데 이 모든 것을 경험하지요.

그다음 교과서에는 없는 '개념 정리'가 나옵니다. 그야말로 학생이 마지막으로 꼭 가지고 있어야 할 내용이 여기에 정리되어 있습니다.

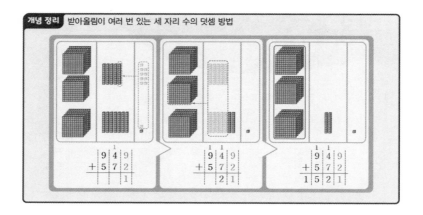

수 모형으로 시작하여 여러 가지 가로셈과 세로셈을 거치고 궁극적으로 세 자리 수를 받아올림으로 한 번에 더하는 방법을 익히는 것이 목적임을 알 수 있습니다. 세 자리 수의 덧셈에서는 두 자리 수의 덧셈과 마찬가지로 모형으로 익힌 구체적인 활동을 추상적인 수의 덧셈으로 연결할 수 있어야 합니다.

『수학의 미래』에 교과서에는 없는 개념 정리를 만든 것은 학교 수업만으로 이해가 부족한 경우 궁극적으로 알아야 하는 개념이 무엇인지를 알려주기 위해서입니다. 보통 사교육을 통해 도움을 받는 현실적인 문제를 해결하기 위한 것이지요. 그래서 개념 정리를 보고 학생 스스로 이해할 수도 있고, 부모님이 보고 이해하여 아이에게 설명해줄 수도 있습니다. 교과서만 봤을 때는 무엇을 가르치려 하는지 부모님도 파악하기가 어려울 수 있습니다. 이해가 충분한 학생도 정리해야 할 개념을 개념 정리에서 보다 명확하게 볼 수 있기 때문에 의미가 있을 것입니다.

## 연산도 개념이다

연산 단원은 『연산의 발견』에서 해당 단계를 같이 복습하는 것이 필요합니다. 『연산의 발견』 5권은 초등학교 3-1 과정을 담은 책으로, 세 자리 수의 덧셈과 뺄셈을 다루고 있으며 그중 1단계가 '받아올림이 없는 (세 자리 수)+(세 자리 수)'입니다.

연산 공부가 무작정 시간을 단축하는 훈련으로 이루어지면 개념적인 이해가 부족한 학생들은 그 시간이 무척 고통스러울 것입니다. 연산 훈련에 지친 기억이 마음에 상처로 남아 수학을 싫어하게 되고 결국 '수포자'가 된 사례를 많이 보았습니다. 그러므로 연산도 개념적으로 이해할 필요가 있습니다. 그런 다음에야 속도 향상을 꾀해야 하지요. 개념적인 이해가 충분해지면 연산 속도가 저절로 빨라지기도 합니다.

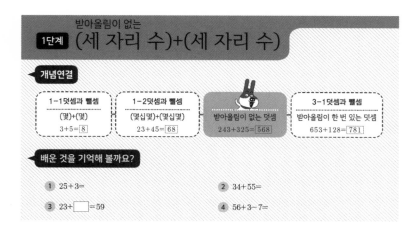

　『연산의 발견』은 다른 연산 교재와 달리 매 주제마다 '개념연결'과 '배운 것을 기억해 볼까요?'를 통해 이전 연산 개념과의 연결을 꾀합니다. 세 자리 수 덧셈에 곧바로 들어가지 않고 그 이전 개념을 연결하면 세 자리 수 덧셈을 공부하는 준비가 보다 완벽해져서 세 자리 수 덧셈을 익히는 것이 훨씬 수월해집니다. 그래서 1, 2학년 때 각각 배운 한 자리 수의 덧셈, 두 자리 수의 덧셈을 먼저 연결하고, 그 연산 방법을 기억해보도록 합니다. '배운 것을 기억해 볼까요?'에 나온 4개의 문제를 해결하는 동안 새로 배우는 세 자리 수의 덧셈을 충분히 스스로 해낼 수 있는지 판단하고, 이어서 '30초 개념'을 통해 연산 방법을 개념적으로 설명할 수 있는지 확인합니다. 이 모든 것은 연산이 계산 기술이 아니라 수학 개념의 일부임을 인식하게끔 돕는 과정입니다.

**받아올림이 없는 세 자리 수의 덧셈을 할 수 있어요.**

**30초 개념**

덧셈에서 같은 자리의 수끼리 더해 9가 되거나 9보다 작으면
받아올림이 없는 덧셈이에요.

**243+325의 계산 방법**

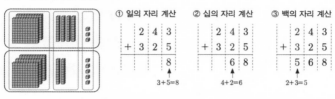

연산을 무조건적인 훈련으로 학습하면 그다음 이어지는 다른 수학 공부마저도 개념적인 이해 없이 무조건적으로 공부해도 된다는 인식을 갖기 쉽습니다. 그러면 수학 공부가 절차적인 방법으로 흘러갈 수 있지요. 30초 개념은 이러한 흐름을 막아주는 효과도 있습니다.

## 복습의 골든타임은 그날 밤이다

에빙하우스 망각곡선에 따르면 학습한 지 24시간 후에 남아 있는 기억의 양은 30퍼센트 정도입니다. 3분의 2가 사라진다는 것이지요. 미국 행동과학연구소National Training Laboratories가 발표한 자료에는 듣기만 하는 공부는 24시간 후에 5퍼센트만 남는다는 결과도 있습니다.

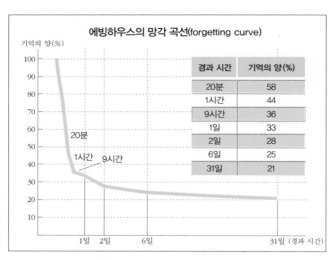

| 경과 시간 | 기억의 양(%) |
|---|---|
| 20분 | 58 |
| 1시간 | 44 |
| 9시간 | 36 |
| 1일 | 33 |
| 2일 | 28 |
| 6일 | 25 |
| 31일 | 21 |

에빙하우스의 망각 곡선(forgetting curve)

기억의 양(%)

20분
1시간  9시간

1일  2일  6일  31일 (경과 시간)

**24시간 후 남아 있는 기억의 양은 30% 정도다.**

이 2가지 학설을 종합하여 생각해보면 수업에서 들은 내용을 복습하지 않았을 때 다음 날 수업에서 기억나는 내용은 기껏해야 30퍼센트 정도입니다. 그런데 수학 교과서는 이전 내용을 100퍼센트 이해했다고 전제하기 때문에 곧장 새로운 개념으로 들어가는 것이 보통입니다. 충분히 복습하여 잘 이해하고 있으면 새로 배우는 내용을 학습하는 데 지장이 없겠지만 그게 아니라면 새로 배우는 내용을 이해하는 것이 어렵기 때문에 진도를 따라가지 못할 것입니다. 이런 일이 반복되면 학생들은 마음에 상처를 입고, 결국 수학을 싫어하게 됩니다.

5학년 승희는 '크기가 같은 분수'를 배운 날, 수업 내용을 충분히 이해하지 못했지만 하교 후 여러 가지 일정을 수행하느라 복습을 하지 못했습니다. '분모와 분자에 각각 0이 아닌 같은 수를 곱하면 크기가 같은 분수가 된다. 또한 분모와 분자를 각각 0이 아닌 같은 수로 나누면 크기가 같은 분수가 된다.' 이런 내용을 대충 듣기만 하고 그다음 수업 시간에 약분을 배우게 되었습니다. 그런데 분모와 분자를 공약수로 나누어 간단히 하는 약분을 이해할 수 없었습니다. '왜 갑자기 분모와 분자를 공약수로 나누지? 그런데도 어떻게 같은 분수가 될까?' 등 여러 가지 의문이 떠올랐지요.

---

**개념 정리**

분모와 분자를 공약수로 나누어 간단한 분수로 만드는 것을 약분한다고 합니다.

$$\frac{12}{36} = \frac{12 \div 3}{36 \div 3} = \frac{4}{12} \Rightarrow \frac{\overset{4}{12}}{\underset{12}{36}} = \frac{4}{12} \qquad\qquad \frac{12}{36} = \frac{12 \div 4}{36 \div 4} = \frac{3}{9} \Rightarrow \frac{\overset{3}{12}}{\underset{9}{36}} = \frac{3}{9}$$

---

승희는 하루 종일 고민했지만 궁금증을 해결하지 못했습니다. 그리고 그다음 수업 시간이 되었는데, 이번 학습 내용은 통분이었습니다. 수업 시간에 다룬 내용이 무척이나 많았는데, 약분을 배울 때와 마찬가지로 이해하기가 어려웠습니다.

---

**개념 정리**

분수의 분모를 같게 하는 것을 통분한다고 하고, 통분한 분모를 공통분모라고 합니다.

$$\left( \frac{3}{4}, \ \frac{7}{10} \right) \Rightarrow \left( \frac{3 \times 5}{4 \times 5}, \ \frac{7 \times 2}{10 \times 2} \right) \Rightarrow \left( \frac{15}{20}, \ \frac{14}{20} \right)$$

---

복습은 그날그날 해야 합니다. 복습의 골든타임은 그날 밤입니다. 그날 밤을 넘기면 복습의 효과가 급감하고 다음 날 수업을 듣기가 어려워집니다. 그날 배운 것을 충분히 소화하지 못한 상태에서 다음 개념을 배우는 것은 개념의 연결성이 강한 수학 과목에서는 비효율적인 학습 방법입니다. 다음 날 학교 수업에 참여하기 위해서는 그날 배운 수학 개념을 그날 밤 안으로 충분히 이해하는 것이 절대적으로 필요합니다.

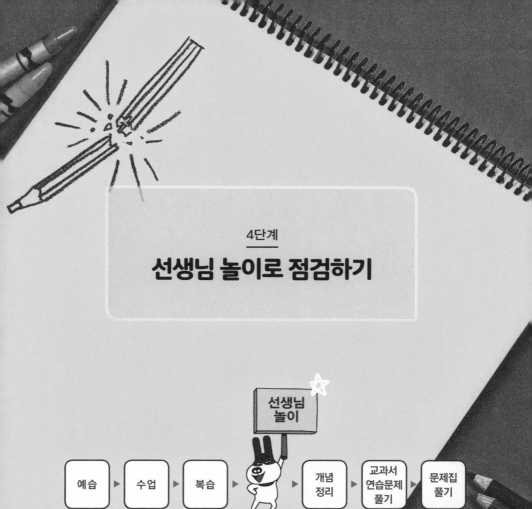

4단계

# 선생님 놀이로 점검하기

예습 ▶ 수업 ▶ 복습 ▶ 선생님 놀이 ▶ 개념 정리 ▶ 교과서 연습문제 풀기 ▶ 문제집 풀기

## 개념 이해의 최종 단계는 설명이다

그날 배운 수학 개념에 대한 복습이 충분하다고 판단되면 그 내용을
설명하는 시간을 가져야 합니다. 자녀가 개념을 충분히 이해했다고
판단해서 바로 문제 풀이로 들어가면 다시 개념에서 막힙니다. 개념
의 힘으로 문제를 풀지 못하면 그 상황을 벗어나고자 문제 풀이 방
법을 외우는 방법을 선택하기 쉽습니다. 그래서 개념에 대한 이해가
충분해지기 전까지 문제 풀이는 가급적 미루는 것이 좋습니다.

개념에 대한 이해가 충분하다는 것을 어떻게 판단할 수 있을까
요? 그 개념을 남에게 설명하는 과정을 거치면 바로 알 수 있습니다.
즉, '선생님 놀이'를 해봅니다. 학생이 선생님이 되어 부모님이나 친

구, 동생 등 다른 사람에게 학습 내용을 설명하는 과정입니다. 수능 만점자들의 고백에서 일관되게 발견되는 내용은 설명의 중요성입니다. 수능 만점자들은 문제를 양적으로 많이 풀기보다 문제 하나를 다른 사람에게 설명할 수 있을 때까지 풀었다고 합니다. 그래서 이들이 푼 수능 문제집은 과목별로 많아 봤자 2~3권이었습니다.

## 메타인지학습을 이끄는 선생님 놀이

선생님 놀이가 중요한 것은 그 과정에서 메타인지학습이 일어나기 때문입니다. 설명을 해보면 자기가 아는 것과 모르는 것이 명확해져서 자기가 아는 것은 넘어가고 모르는 것은 챙기게 되는 효과가 있습니다. 무엇을 모르는지 알면 스스로 공부할 내용과 방향을 정할 수 있습니다.

선생님 놀이를 같이 할 수 있는 가장 손쉬운 사람은 부모님입니다. 부모님 대신 친구나 동생이 그 역할을 대신 해줄 수 있다면 친구나 동생에게도 좋은 기회가 될 것입니다.

선생님 놀이를 할 때는 부모님이 수학 교과서를 보면서 자녀에게 질문을 합니다. 교과서에 나온 순서대로 물어보면 됩니다. 지금은 교과서가 각 학교별로 다르니 3학년 1학기 국정교과서를 예로 들어보겠습니다.

덧셈을 해 볼까요(1)

『수학 익힘』 6~7쪽

■ 비행기에 모두 몇 명이 탈 수 있는지 알아봅시다.

2층까지 있는 비행기에 모두 몇 명이 탈 수 있나요?

1층에는 342명, 2층에는 117명이 탈 수 있어요.

● 비행기에 모두 몇 명이 탈 수 있는지 어림해 보세요.

　부모님이 교과서에 나온 내용을 그대로 읽어줍니다. 질문도 그대로 읽으면 됩니다. "비행기에는 모두 몇 명이 탈 수 있는지 어림해 보세요." 이제 아이가 선생님처럼 설명을 합니다. 이때 아이의 설명은 "400명 정도 탈 수 있습니다." 또는 "460명 정도 탈 수 있습니다." 아니면 "1층에는 300명 정도, 2층에는 100명 정도 탈 수 있으니까 비행기에는 모두 400명 정도 탈 수 있습니다." 등으로 다양할 수 있습니다.

　이 장면이 중요합니다. 어림이라는 것은 말 그대로 대충의 값입니다. 그래서 정답이 있는 것이 아닙니다. 중요한 것은 그 근거입니다. 하지만 아이들은 처음 두 대답처럼 자기가 그렇게 생각한 근거를 말하지 않고 답만 말하는 경향이 있습니다. 이때 부모님의 역할이 시작됩니다.

## 칭찬은 선생님을 춤추게 한다

아이가 일단 답을 하면 부모님은 "아하!", "그렇구나!" 하고 반응을 보여줍니다. 이때 구체적인 사실을 언급하면 아이들은 더욱 신뢰감을 갖습니다. "분수의 덧셈의 원리가 그거였네!", "엄마가 약수의 개념을 잘못 알고 있었네!"

그런데 이 부분이 부모님에게 가장 힘들 수 있습니다. 아이의 설명이 대번에 마음에 차기는 어렵거든요. 설명을 잘했더라도 어설프게 느껴지고, 더 잘했으면 하는 욕심이 생기게 마련입니다. 그렇지만 칭찬을 받지 못하면 아이는 그 자리에 서고 싶지 않을 것입니다. 선생님 놀이를 점점 피할지도 모릅니다. 자녀의 설명이 다소 미흡하거나 틀리더라도 일단 설명을 했으면 맞은 것으로 인정하고 넘어갑니다. 쉽지 않을 수 있지만, 선생님 놀이를 지속하려면 이 부분이 고비입니다. 선생님 놀이에 임할 때 부모님은 자녀보다 학력이 부족한 상태로 마음을 비워야 합니다. 판단을 중지하는 것이 좋습니다.

## 들어주는 사람의 역할이 중요하다

설명을 듣는 사람이 "아!", "그렇구나!"와 같은 반응으로 끝내면 선생님 놀이를 하는 의미가 많이 사라집니다. 부모님의 역할은 아이가

지금 공부하는 게 수학 맞습니까?

그렇게 계산한 이유를 설명해보도록 유도하는 것입니다. "왜 400명 인가요?", "어떻게 구해서 400명이 나왔나요?" 이런 질문을 하면 아이는 문제를 왜 그렇게 해결했는지 되돌아보는 기회를 갖습니다. 학생들은 대부분 절차적인 방법으로 공부를 하고, 특히 문제를 풀 때는 답을 맞혀야 한다는 강박감 때문에 개념적인 연결보다는 기술적인 방법을 즐겨 사용합니다. 부모님의 질문은 아이가 문제 풀이 과정을 되돌아보는 첫 기회를 제공합니다. 무척이나 중요한 역할입니다. 문제 풀이를 절차적으로만 반복하면 공부하는 시간이 늘어도 수학 실력이 늘지 않습니다.

부모님들은 질문하는 것이 두려울 수 있습니다. 그래서 미리 문제를 풀어보고 질문거리를 만들어야 한다고 걱정할 수도 있습니다. 그런데 그럴 필요가 없습니다. 질문은 즉흥적이고 현장성이 있어야 합니다. 의도된 질문은 아이에게 선생님 놀이에 대한 두려움을 줄 수 있습니다. 평가받는 자리로 생각할 우려가 있지요. 평가받는 자리에 오고 싶은 아이는 없을 것입니다. 부모님은 '자녀 선생님'에게 수학을 배우는 순수한 입장이어야 합니다.

그렇다면 수학을 잘 모르는 부모가 어떻게 질문할 수 있을까요? 몇 가지만 주의하면 가능합니다. 부모님의 역할은 아이가 개념적으로 설명하도록 요구하는 것이기 때문에 우선 아이의 설명을 경청합니다. 그리고 수학 설명에 적당히 "왜?", "어떻게?" 등의 문구를 붙여 묻습니다. 설사 질문이 적당하지 않아도 아이는 답변을 하기 위해 개념적인 고민을 하게 되는데, 이때 개념연결학습이 이루어집니다. 때로 "다른 방법은 없을까요?" 하고 질문해주면 더할 나위 없습니다.

## 부모님이 아이의 수학 공부를 위해 투자하는 시간, '하루 30분'

선생님 놀이를 하는 데는 보통 하루 30분 정도가 걸립니다. 부모님이 자녀의 수학 공부를 돕기 위해 투자해야 하는 시간이 '하루 30분'이면 충분한 것이지요. 그래서 『하루 30분 수학』이라는 책이 나왔습니다. 그런데 실제로 해보면 어떤 경우는 5분도 되지 않아 끝나버리고, 어떤 경우는 한 시간 이상 걸리기도 합니다. 시간이 많이 걸리는 것이 꼭 좋은 것은 아니지만 그만큼 학생이 개념적으로 공부하는 기회가 늘어나는 것에 대해서는 아주 좋은 결과가 따라올 것으로 기대할 수 있습니다.

처음 시작할 때는 아이의 설명이 어색하고 진행이 잘 안 될 것입니다. 또한 일부 개념에 대해서는 설명하지 못하는 일도 벌어집니다. 중요한 것은 우리가 선생님 놀이를 하는 이유가 아이를 평가하고 혼내기 위해서가 아니라 개념적인 학습을 하도록 돕기 위해서라는 사실입니다. 그러므로 설명하지 못하는 부분에 대해서는 다음 기회에 다시 설명하도록 '쿨하게' 넘겨주는 것이 좋습니다.

지금 공부하는 게 수학 맞습니까?

다음은 6학년 학생이 학교에서 비율그래프를 공부한 날에 이루어진 선생님 놀이의 내용입니다.

선생님(아이): 오늘은 백분율을 띠그래프로 나타내는 방법을 가르쳐주겠어요. 띠처럼 생겨서 띠그래프라고 해요. … ①

학생(부모님): 선생님, 띠그래프가 뭔가요? … ②

선생님: …… 잘 모르겠어요. … ③

학생: 그래요? 그럼 다음에 가르쳐주세요. … ④

선생님: … 네.

학생: 백분율은 뭐예요? … ⑤

선생님: 비율에 100을 곱한 것이에요. … ⑥

학생: 비율은 뭐예요? … ⑦

선생님: 아휴, 분수나 소수로 나타내는 것이요.

학생: 무엇을 가지고 분수나 소수로 나타내요?

선생님: 그건 예전에 배운 내용이라서… 유치원생은 그런 것 안 물어봐요.

학생: 다시 수업 계속해주세요. … ⑧

선생님: 나무 종류별로 산림의 넓이를 조사한 표를 띠그래프로 그려볼게요. 전체 넓이가 300이고, 그중 침엽수림이 120이니까 백분율을 구하면 40%. 그래서 띠그래프를 40까지 그리면 됩니다.

학생: 백분율 말고 띠그래프를 그리는 다른 방법은 없나요? … ⑨

선생님: 몰라요. 생각 안 해봤어요.

학생: 다음 시간에 가르쳐주세요.

선생님: 네, 알아볼게요.

선생님 놀이의 발화자는 아이입니다. 부모님의 역할은 아이의 말을 경청하면서 그 속에 들어 있는 수학 개념을 되묻는 것입니다. ①에서 아이의 말 속에 들어 있는 수학 개념은 백분율과 띠그래프입니다. ②에서 부모님은 띠그래프에 대해 물었습니다. 그랬더니 아이의 말이 여지없이 막혔습니다. ③에서 긴 말줄임표는 엄청난 침묵을 의미합니다. 이 순간 부모님은 속이 끓어오르겠지만 그보다 아이의 심리 상태를 먼저 배려해야 합니다. 부모님의 첫 질문에 답변하지 못한 아이의 심정은 더 복잡합니다. 선생님 놀이를 피하고 싶을 것입니다. 이런 일이 자주 벌어지면 선생님 놀이는 지속되지 못합니다. 내일부터는 어떻게든 핑계를 대고 선생님 놀이를 회피하려 들지 모릅니다. 그래서 ④에서처럼 얼른 자연스럽게 넘겨줘야 합니다. 아무 조건 없이 다음에 설명해달라고 해도 괜찮습니다. 다음에 반드시 또 나오거든요.

이때는 부모님의 지혜가 필요합니다. ⑤와 같이 물어야 할 수학 개념이 있으면 바로 그 질문으로 들어가거나 ⑧과 같이 그다음 내용으로 넘어가도록 요구하면 됩니다. ⑥과 같은 아이의 답변은 마음에 들지 않을 것입니다. 그래도 그런 판단을 내색하지 않아야 합니다. 그리고 ⑦과 같이 또 다른 수학 개념이 등장한 것을 놓치지 말고 계속 질문합니다. ⑨와 같이 "다른 방법은 없나요?"라는 질문도 간간이 섞어주세요.


설명하지 못한다는 것은 이해하지 못했다는 증거이기도 합니다. 그렇다고 직접 아이를 가르치는 것은 절대 금물입니다. 아이가 예습과 학교 수업, 그리고 복습까지 거치면서도 이해하지 못한 내용을 전문가가 아닌 부모님의 설명으로 이해하게 되기는 어렵습니다. 더

구나 부모님은 감정이 올라온 상태이기 때문에 자녀를 차분하게 이해시키기 어렵고, 자녀 또한 낙담한 상태이기 때문에 공부할 기분이 아닐 것입니다. 결국 효과 없는 시간 때우기가 되기 쉽습니다. 결정적으로, 이해는 스스로 해결할 때만 가능합니다.

『수학의 미래』를 보면 '개념활용' 이후에 '표현하기'와 '선생님 놀이'가 나옵니다. 이 2가지를 통해서 선생님 놀이의 효과를 충분히 누릴 수 있습니다. 표현하기는 새로 배운 내용을 스스로 정리하는 과제와 개념연결 과제, 그리고 글로 서술하는 과제로 구성되어 있습니다.

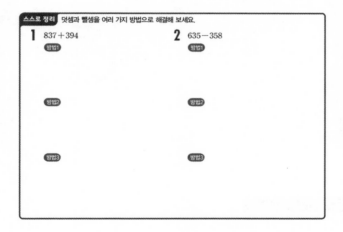

선생님 놀이에는 2개의 서술형 문제가 주어져 있습니다. 이 문제들은 교과서나 시중의 다른 문제집에 있는 것과 하나도 다를 바가 없습니다. 다만, 문제를 해결하고, 그 과정을 설명해보기를 요구합니다. 이때도 설명을 들어주는 사람은 부모님이 되어야 합니다. 아이가 문제를 푸는 것에서 끝나지 않고 반드시 설명할 수 있는 상태에 도달하도록 도와주세요. 아이가 문제를 푸는 과정을 설명할 때도 그냥 듣기만 하는 것이 아니라 한 줄, 한 줄 문제 푸는 과정을 통제하면서 왜 그렇게 풀었는지를 계속 물어야 개념적인 학습이 이루어집니다.

## 연산도 선생님 놀이로

『연산의 발견』에도 선생님 놀이가 준비되어 있습니다.

연산학습은 기계적이고 절차적으로 흘러갈 가능성이 큽니다. 그래서 제동 장치가 필요합니다. 『연산의 발견』을 보면 쪽마다 문제

2개 정도에 토끼 귀가 그려진 아이콘이 붙어 있습니다. 토끼 귀는 부모님 귀를 의미합니다. 이 순간에 부모님의 귀를 필요로 한다는 뜻이지요. 연산이 기계적으로 흘러가는 것을 막고, 연산 과정을 개념적으로 설명하는 기회를 마련한 장치입니다. 이때 부모님은 연산 결과에 집착하지 않으면서 연산 과정 하나하나에 개념적인 설명을 요구하는 질문을 던지는 역할에 충실해야 합니다. 그래야 아이가 연산을 통해서 수학의 본질적인 개념학습을 이루어낼 수 있습니다.

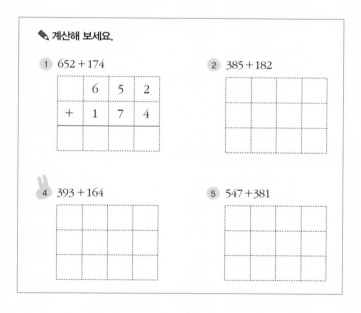

선생님 놀이는 이웃에 사는 친구와 집에서 혹은 방과 후 학교에 남아 같이 공부하는 것으로도 가능합니다. 친구와 할 때는 그날 배

운 것을 서로 번갈아 설명하는 과정을 경험하면 됩니다. 둘이서 각각 전체 내용을 다루는 데 시간이 많이 걸릴 것 같으면 그날 배운 내용을 반으로 나누고 각각 반씩 설명할 수도 있습니다. 친구와 선생님 놀이를 할 때는 서로 질문을 많이 해주는 것이 중요합니다. 흔히들 그날 배운 내용이고, 자기가 알고 있는 내용이면 질문을 하지 않는데, 질문을 많이 해야 질문받은 아이(선생님)가 설명을 많이 하게 되고, 그 과정에서 개념적인 이해가 보다 풍부하게 일어납니다. 질문을 많이 하지 않으면 친구가 개념적으로 이해하는 것이 그만큼 적어지므로 선생님 놀이의 효과가 작을 수 있습니다. 친구가 설명하는 것에 천진난만하게 '왜'나 '어떻게'를 붙여 질문하면 친구가 답변하는 과정에서 개념적인 공부가 이루어집니다.

## 성적보다 설명능력이 실력의 증거다

학생들은 본인의 수학 성적이 곧 본인의 실력이라고 착각할 우려가 있습니다. 수학 시험에서 90점 이상 또는 100점을 받으면 자기가 수학을 잘한다고 생각합니다. 다른 과목보다 수학 점수가 높으면 수학 실력에 대한 자부심과 자신감도 생겨납니다. 그런데 정말 수학을 잘한다는 자부심을 가지려면 성적만 가지고는 안 됩니다. 자기가 가진 수학 개념을 친구 등 남에게 설명하는 경험을 거쳐야 합니다. 설명에 거침이 없을 때 진정한 자신감이 생길 것입니다. 설명은 곧 이해의 증거이기 때문입니다. 이해하지 못한 것은 설명할 수 없습니다. 표현할 수 있다는 것은 곧 이해했다는 것입니다.

선생님 놀이를 본격적으로 하려면 쓰면서 설명할 수 있는 칠판이 필요합니다. 화이트보드뿐 아니라 벽면에 붙일 수 있는 시트지도 괜찮습니다. 그날 배운 수학 개념을 칠판에 쓰며 부모님이나 친구 또는 동생에게 설명하는 시간을 매일 가집니다. 이때 손에는 책이 없어야 합니다. 책을 보지 않고 설명하는 것이 선생님 놀이의 핵심입니다. 선생님들은 거의 책을 보지 않고 설명합니다. 교과서 등 책은 설명을 듣는 사람이 보면서 질문을 하는 데 이용하도록 합니다.

## 선생님 놀이 다양하게 해보기

초등학교 4학년과 2학년 형제를 둔 어떤 가정에서는 선생님 놀이를 위해 거실의 한쪽 벽 전체에 시트지를 붙였습니다. 그리고 4학년과 2학년 자녀가 번갈아가며 그날그날 학교에서 배운 것을 서로 설명하는 습관을 일상화시켰습니다. 마침 2학년 동생이 형을 이기고자 하는 욕심이 있어서 충분히 대화가 되었고, 질문도 왕성하게 해준 덕에 부모님은 뒤에서 동영상을 촬영하는 정도의 역할을 수행했습니다. 2학년 동생의 거침없고 호기심 많은 질문에 형은 당황하기도 했지만 점차 차분하게 설명하는 능력을 길러나가기 시작했고, 동생의 설명은 4학년 형에게 자연스레 충분한 복습이 되었습니다.

선생님 놀이는 수학 공부의 특효약입니다. 수학 개념을 익히는 과정이나 문제 풀이 과정은 지극히 논리적입니다. 개념을 정확히 이해하지 못하면 설명할 수 없지요. 그러므로 설명하면서 개념 이해 상태를 스스로 체크할 수 있고, 막히는 부분을 메타인지적으로 찾아낼 수 있어요. 누가 알려주지 않아도 스스로 설명하는 과정에서 분명하게 구분할 수 있습니다.


## 문제 풀이는 설명과 동시에 한다

제가 학교에서 수업할 때는 학생들에게 문제 풀이 기회를 주고, 그중 4~5명을 뽑아 칠판 앞에서 설명하게끔 했지요. 설명을 잘하는 학생은 선생님이 설명했을 때보다 좋은 반응을 얻어냈고 아이들에게 인기도 있었습니다. 그런데 어떤 학생은 칠판에 푼 것을 가리키며 "여기서 이렇게 풀어서 답이 나왔어." 하고 자신 없게 설명했습니다. 문제를 훌륭히 잘 풀었기에 이때는 아쉬운 마음이 들기도 했지요. 그런데 어느 날, 강원도 한 수학 선생님의 수업 동영상을 보게 되었습니다. 이 수업에는 규칙이 있었지요. 설명하는 학생은 칠판에 문제 풀이를 미리 작성해놓을 수 없었고 맨손으로 나와 설명해야 했습니다. 그래서 학생들은 선생님처럼 한 줄, 한 줄 풀이를 써가는 방식으로 설명하고 있었습니다. 또 듣는 학생들이 질문하기 편하도록 반말을 사용했지요. 듣는 학생들은 설명 중간중간에 끼어들어 질문을 해 댔습니다. 수업이 정말 진지하게 진행되었습니다.

이처럼 아이가 설명을 할 때는 미리 풀이를 다 써놓고 그냥 읽어 내려가는 것이 아니라 선생님이 수업 시간에 하는 것처럼 한 줄, 한 줄 풀어가야 합니다. 이때 듣는 사람은 풀이를 통제하고 천천히 풀 도록 자꾸만 질문을 해야 합니다. 그래야 아이가 풀이보다 설명에 집중할 수 있습니다.

어떤 문제에 대해서 그 풀이에 필요한 개념이 미처 정리되어 있지 않으면 설명하기가 어렵습니다. 그래서 문제 풀이 과정을 설명하는 동안 개념 이해 정도를 스스로 파악할 수 있습니다. 학생들이 스스로 문제를 풀더라도 하루 한두 문제에 대해서는 반드시 다른 사람에게 설명하는 기회를 가져야 합니다. 동시에 문제 푸는 분량에 목표를 두는 공부 방식은 지양합니다. 그보다 문제를 풀면서 그 문제에 얽힌 수학 개념을 정리하고 확인하는 것에 집중합니다. 분량에 목표를 두면 개념 확인을 소홀히 할 수 있습니다. 수능 만점자들은 공통적으로 많아야 2~3권의 문제집을 풀었습니다. 한 문제, 한 문제를 풀 때마다 그 문제를 다른 친구에게 설명하여 이해시킬 수 있는지 판단하면서 진도를 나갔기 때문입니다. 본인은 어떻게든 답을 맞혔더라도 친구에게 이 문제의 답이 나온 과정을 설명할 수 있는지 확인하는 데 많은 시간과 공을 들였던 것이지요.

문제를 풀어놓고 그것을 보면서 설명하는 것은 해답집을 보고 설명하는 것과 크게 다를 바가 없습니다. 이것은 진정한 선생님 놀이라고 할 수 없습니다. 만일 선생님이 수업 중에 해답을 보면서 문제 풀이를 한다면 학생들이 어떻게 생각할까요? 마찬가지입니다. 또한 문제 풀이를 보면 개념적인 설명이 어렵습니다. 이미 풀이 과정이 나와 있기 때문이지요. 그런데 풀이 과정을 한 줄, 한 줄 써가며 풀기 위해서는 풀기 전에 왜 그렇게 해야 하는지를 먼저 설명해야 하고, 이 과정에서는 개념적인 설명을 할 수밖에 없습니다. 이유를 설명해야 하기 때문입니다. 이유를 설명하는 문제 풀이 과정, 바로 이것이 개념적인 설명입니다.

## 설명을 들어줄 상대가 없을 때는 어떻게 할까

주변에 설명을 들어줄 상대가 없으면 선생님 놀이를 생략해도 될까요? 부모님은 바쁘고 형제자매도 없고 주변에 사는 친구도 없다면 막막할 것입니다. 또 한밤중에 갑자기 설명이 하고 싶더라도 가족들을 깨우거나 친구를 만날 수 없습니다. 이런 경우에는 혼자 설명하면 됩니다.

이때 책상에 앉아 우물우물 설명하는 것은 효과가 없습니다. 칠판이나 벽 앞에 서서 화이트보드나 시트지에 써가며 설명해야 합니다. 마치 앞에 누군가 들어주는 사람이 있는 것처럼 말입니다. 벽에 대고 설명해도 됩니다. 다른 식구들이나 이웃에 방해가 되지 않을 정도의 큰 소리로 설명합니다. 소리를 내지 않고 우물우물하면 본인 목소리를 들을 수 없기 때문에 설명이 정확하지 않을 수 있습니다. 적당히 얼버무릴 수도 있지요. 정확하게 소리 내지 않고 대충 설명하면 효과가 반감됩니다.

반려동물이나 커다란 인형을 이용해도 됩니다. 반려동물을 앞에 앉히고 눈을 보며 설명하면 가끔 반려동물이 고개를 끄덕이고 귀를 쫑긋 세우며 반응을 보여주는 것처럼 느껴집니다. 커다란 인형의 눈을 보며 설명하다 보면 설명에 따라 인형의 눈이 움직이는 것 같은 착각도 하게 되지요.

## 또래학습의 효과

혼자 공부하는 것을 좋아하는 학생도 있고 친구들과 같이 고민하는 것을 즐기는 학생도 있습니다. 물론 혼자 공부한다고 수학 공부가 안 되는 것은 아니지요. 대부분은 혼자서 공부합니다. 하지만 이해가 어려운 부분이나 정리가 잘 안 되는 개념, 잘 모르는 부분이 닥치면 누군가의 도움이 절실하게 필요합니다. 또래학습은 비슷한 나이 또래의 친구와 공부를 같이 하는 것을 의미합니다.

또래학습은 서로 배우고 가르치는 기회가 됩니다. '친구에게 설명하기', 즉 '선생님 놀이'가 자연스럽게 이루어집니다. 친구에게 설명을 하려면 설명하는 사람이 가지고 있는 여러 개념이 연결되어 있어야만 합니다. 그렇지 않으면 친구를 가르칠 수 없습니다. 그래서 친구에게 설명을 하다 보면 머릿속에서 아직 연결되지 않고 흩어져 있는 개념들이 비로소 논리적인 고리를 가지고 정리되는 느낌이 듭니다.

또래학습의 또 다른 장점은 선생님의 설명을 들었을 때 바로 이해하지 못한 이유를 친구는 이미 알고 있다는 것입니다. 수학 선생님은 수학 개념이 잘 연결된 사람입니다. 그래서 선생님은 때로 학생의 진짜 고민을 파악하기 어려울 수 있습니다. 그런데 친구는 잘 몰랐던 상태에서 이해를 위한 포인트를 발견한 순간이 생생하기 때문에 친구의 약점을 정확히 짚어줄 수 있습니다. 설사 선생님보다 설명이 부드럽지 못하더라도 친구의 이해를 잘 도울 수 있는 것입니다.

그런데 또래학습을 하려 해도 주변 친구들이 죄다 사교육을 받으러 가서 같이 공부할 친구가 없을 수도 있습니다. 하지만 저마다 학원 스케줄이 다르므로 시간이 맞는 친구 여러 명과 또래학습을 진행하는 것도 괜찮습니다. 수학을 전공한 선생님들은 정확한 수학 용어와 학문적이고 추상적인 어휘로 설명할 때가 있기 때문에 학생들이 들으면서 권위적이라고 느낄 수 있습니다. 선생님의 설명에 의문을 가지거나 본인의 의견을 제시할 생각이 들지 않지요. 이런 상황이 계속되면 스스로 자기를 신뢰하지 못하게 됩니다. 의문 자체를 포기하고, 결국 스스로 생각하지 않으려 할 수 있습니다. 그런데 친구의 설명이라면 어떨까요? 의문이 있으면 확실하게 말할 것입니다. 또래 친구가 답을 가르쳐주면 은근히 자존심이 상해 그것이 맞는지 스스로 확인해보고 싶은 생각이 들 것입니다. 공부에 도전적이 되지요. 그래서 또래 친구들과 공부하면 스스로 생각하게 됩니다. 이것이 바로 공부의 기본입니다.

그럼 어떤 또래 친구를 찾아야 할까요? 부모님들은 성적이 좋은 친구와 함께 공부하기를 원하지만 실제로는 성적 차이가 많이 나면 또래학습의 효과를 누리기 어렵습니다. 그 친구가 우리 아이는 모르는 얘기를 너무 많이 할 수도 있거든요. 따라서 자녀와 실력이 비슷한 친구가 좋습니다. 그런 친구가 아이에게는 훌륭한 멘토가 될 수 있습니다. 둘이 서로 멘토가 되어 실력이 올라가면 또 다른 친구와 같이 또래학습을 할 수 있습니다.

친구와 공부하는 것은 많은 장점이 있습니다. 먼저, 대화가 많아집니다. 의사소통의 기회가 많아지지요. 그리고 자기 것을 표현하는 기회를 많이 가질 수 있습니다. 선생님 놀이가 저절로 이루어지지요. 공부의 효과는 스스로 활동하고 표현할 때가 최고입니다.

EBS 다큐멘터리 중 재수생 2명이 매달 만나는 장면을 담은 프로그램이 있습니다. 이들은 매달 고3 또는 재수생들에게 제공되는 수능 모의평가를 본 날에 만납니다. 다른 친구들은 인터넷 강의에서 강사의 설명을 듣고 있을 시간이지만 이 둘은 모의평가에 나온 수학 시험 문항을 한 문제, 한 문제 같이 풀어보면서 모르는 것을 서로에게 배우고, 둘 다 모르는 문제는 같이 머리를 싸매고 풀어봅니다. 이들은 혼자서는 미처 보지 못했던 부분이 둘이 모이면 희한하게 잘 보이고, 생각하지 못한 아이디어가 떠오르기도 해서 이런 시간이 서로에게 영감을 주는 자리라고 얘기했습니다. 또래학습의 의미를 잘 알고 있었던 것이지요.

## 선생님 놀이는 수학을 좋아하는 계기가 된다

수학 개념을 확실하게 이해하고 설명하기 위해서는 깊이 있는 사고를 할 수밖에 없습니다. 나아가 설명 방식을 고민하는 과정에서 수학적으로 효율적이고 논리적인 사고를 경험하게 됩니다. 그리고 이는 지적인 희열로 이어집니다. 이것이 설명의 이유입니다. 지적인 희열을 경험하게 되면 신기하게도 수학 공부에 대한 내적 동기가 생겨

수학이 좋아지기 시작합니다. 이때부터 자기도 모르게 수학이 좋다는 말, 수학은 괜찮은 과목이며 참으로 가치 있다는 말을 하게 됩니다. 부모님은 점차 '수학밖에 모르는 바보'가 되어가는 자녀를 발견할 수도 있습니다. 아이는 수학의 유용성에 대한 전도사가 되지요. 설명하는 수학 공부 하나만으로 엄청난 혁명을 이룰 수 있습니다.

다른 사람에게 설명을 하면 혼자 공부할 때 나타날 수 있는 단점을 극복할 수 있습니다. 혼자 공부하면 정확히 이해되지 않더라도 적당히 넘어가게 됩니다. 대략 알 것 같다는 생각이 들지요. 하지만 이렇게 넘어간 내용은 언젠가는 기억에서 사라집니다. 설명하지 않으면 장기기억으로 저장하기가 어렵습니다. 개념적인 공부의 장점으로 보통 장기기억화를 말하는데, 결국 설명은 개념적인 공부의 필수 요건입니다. 학생들은 그 과정에서 논리가 명확해지는 경험을 하게 됩니다.

학생들이 수학 문제를 가지고 와서 질문할 때가 있는데, 전혀 모르겠으니 처음부터 풀어달라고 하면 저는 풀이해주지 않습니다. 학생에게 문제를 풀기 위한 개념이 하나도 없다면 아무리 자세히 설명해줘도 이해하지 못할 것이기 때문입니다. 그래서 학생 스스로 조금이라도 손을 대본 후에 다시 가져오게 합니다. 그때도 바로 설명해주지 않고, 어떻게 풀었는지를 먼저 설명해달라고 합니다. 그러면 질문하려던 학생이 갑자기 "아! 됐어요." 하고 거두어가는 경우가 있습니다. 혼자 공부할 때는 막연하던 것이 선생님에게 설명하려고 하니 정리가 되면서 명확해지는 것이지요. 설명하려는 과정에서 두뇌의 논리는 정연해집니다. 표현하는 기회를 계속 가지면 두뇌에서 사고하는 경험이 많아져 사고가 깊어집니다. 그렇게 되면 다른 문제에 대한 이해도 빨라져서 그 효과는 급상승합니다.

선생님 놀이에 대한 자세한 설명은 『하루 30분 수학』을 참고하기 바랍니다. 또 네이버 카페 '최수일의 수학교육연구소'에서 '강연 및 컨설팅 요청' 안에 있는 여러 학교나 기관의 게시판을 방문해보면 수많은 사례를 볼 수 있습니다.

지금 공부하는 게 수학 맞습니까?

5단계

# 3단계로 개념 정리하기

예습 ▶ 수업 ▶ 복습 ▶ 선생님 놀이 ▶ 개념 정리 ▶ 교과서 연습문제 풀기 ▶ 문제집 풀기

## 수학 개념정리 노트를 이용하자

선생님 놀이가 충분하다고 판단되는 시점에 개념정리 노트를 작성합니다. 궁극적인 작성 방법은 책을 덮고 머릿속에 정리된 상태를 노트에 옮기는 것입니다. 처음에는 익숙하지 않아 책을 보지 않고서는 하기 어려울 수 있습니다. 이때는 연습의 의미로 몇 번은 책을 보면서 작성할 수 있지만 점차 책을 덮는 연습을 해야 합니다. 노트를 작성할 수 있다는 것은 본인이 작성할 노트 내용이 이미 머릿속에서 소화된 상태라는 의미입니다.

수학 개념정리 노트 양식은 '최수일의 수학교육연구소' 카페-'개념학습 실천방'-'수학 개념정리 노트'에서 다운로드할 수 있습니다.

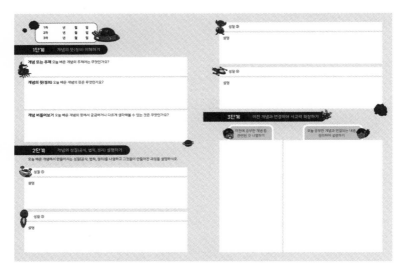

**수학 개념정리 노트**

## 수학에서 개념이란 무엇인가

어떤 수학책을 보아도 수학에서 개념이 무엇인지 정의한 부분을 찾을 수 없었습니다. 비로소 발견한 것이 미국 수학 교육과정의 연결성의 원리였습니다. 그리고 그것은 정확하게 제 생각과 일치했습니다.

수학에서 개념은 3가지입니다. 평행사변형의 개념으로 한번 살펴보겠습니다.

첫째는 정의定義입니다. 평행사변형은 '두 쌍의 마주 보는 변이 각각 평행한 사각형'이라는 정의가 첫 번째 개념입니다. 저는 이것을 1단계 개념이라 칭했습니다.

둘째는 정리定理입니다. 정리는 정의를 제외한 모든 것인데, 성질이나 법칙이라고도 합니다. 우리가 공식이라고 하는 것도 정리의 일종입니다. 평행사변형은 '두 쌍의 마주 보는 변의 길이가 각각 같다'는 성질이 있습니다. 또 평행사변형의 넓이를 구하는 공식은 (밑변)×(높이)입니다. 저는 이것들을 2단계 개념이라 칭했습니다.

셋째는 연결되는 개념입니다. 정의와 정리 사이의 연결일 수도 있고, 여러 개념 사이의 연결일 수도 있습니다. 소수素數의 정의는 '1보다 작은 자연수 중 1과 자기 자신만을 약수로 가지는 수'이기 때문에 소수의 약수의 개수는 2개입니다. 이것은 정의와 정리의 연결입니다. 평행사변형을 변형하면 직사각형을 만들 수 있기 때문에 평행사변형의 넓이를 구하는 공식은 직사각형의 넓이를 구하는 공식 (가로)×(세로)와 연결하여 (밑변)×(높이)가 됩니다. 이것은 개념 사이의 연결입니다. 저는 이것들을 3단계 개념이라 칭했습니다.

이와 같이 개념을 3단계로 정리하는 방법이 제가 고안한 '3단계 개념학습법'입니다.


## 정의와 성질은 공부하는 방식이 다르므로 구분해서 정리한다

수학 개념정리 노트에는 새로 배운 개념의 정의(약속, 뜻)가 1단계 개념으로, 성질(공식, 법칙, 정리)이 2단계 개념으로, 새로 배운 개념과 관련된 과거 개념이 3단계 개념으로 구분되어 있습니다. 1단계 개념인 정의와 2단계 개념인 성질은 그 학습 방법이 다르기 때문에 구분한 것입니다.

1단계 개념인 정의는 약속이기 때문에 다른 것에서 만들어지는 것이 아니고 스스로 존재하는 것입니다. 원초적 개념이지요. 그대로 받아들이되 그렇게 정의한 맥락만 이해하면 됩니다. 따라서 정의에 대한 학습은 이해와 암기입니다. 수학의 정의는 한 글자도 틀리지 않고 정확하게 암기해야 합니다. 그런데 2단계 개념인 성질은 정의나 다른 개념에서 파생되는 것이기 때문에 그런 공식이나 성질이 왜 만들어졌는지 유도할 줄 알아야 합니다. 증명이라고도 하지요.

예를 들어, 어떤 도형이 차지하는 크기를 나타내는 넓이는 가로, 세로의 길이가 각각 1cm인 정사각형의 넓이를 단위넓이 $1cm^2$로 정의합니다(1단계 개념). 정의에 대한 학습은 이해와 암기입니다. "아하! 넓이를 재려면 기본 단위가 필요하겠구나!", "그래서 재기 쉽게 자그마한 정사각형의 넓이를 단위넓이로 정했구나!" 이렇게 이해하고 받아들이는 것이 정의를 학습하는 요령입니다.

도형의 넓이를 나타낼 때는 한 변의 길이가 1cm인 정사각형의 넓이를 넓이의 단위로 사용합니다. 이 정사각형의 넓이를 $1cm^2$라 쓰고 1 제곱센티미터라고 읽습니다.

그런데 직사각형은 직사각형의 가로와 세로를 각각 1cm 단위로 자른 모눈종이 모양으로 만들고 단위넓이 1cm²가 몇 개 들어 있는지 세는 방법으로 넓이를 구합니다. 이 과정에서 (가로)×(세로)라는 곱셈으로 넓이를 구하는 공식이 만들어집니다(2단계 개념). 그러므로 2단계 개념은 공식만 외우면 되는 것이 아니라 어떻게 이런 공식이 나오게 되었는지, 즉 단위넓이(정의)를 이용하여 공식이 만들어진 과정을 논리적으로 설명하는 것까지 해내야 개념적인 공부가 제대로 된 것입니다.

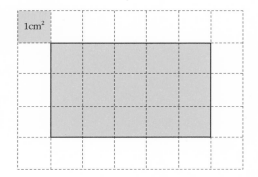

## 3단계 개념은 수학사전을 이용한다

이제 3단계 개념을 생각해보겠습니다. 3단계 개념에 대한 학습은 일단 과거 개념을 나열하고 각 개념에 대한 정의와 성질이 무엇인지, 그리고 그 개념이 새로운 개념과 무슨 연결 관계를 가지고 있는지 설명하는 것입니다. 2단계 개념, 즉 설명 과정에서 나온 과거 개념으로는 직사각형이 있습니다. 직사각형은 그 뜻이 '네 각의 크기가 같은 사각형'이고, '대각선의 길이가 서로 같다'는 성질을 가지고 있습니다. 그리고 직사각형은 도형의 넓이를 구하는 공식을 발견하는 과정에서 첫 번째 도구로 사용되었다는 연결 관계가 있습니다. 이후 직사각형을 활용해 다양한 도형의 넓이를 구할 수 있지요. 이런 방식으로 과거 개념을 하나씩 정리하면 3단계 개념학습이 완성됩니다.

이 과정에서 가장 어려운 부분은 과거 개념을 정리하는 3단계입니다. 과거 개념은 바로 직전에 배운 개념일 수도 있지만 대개는 한 학기 전 또는 1~2년 전의 개념이기 때문에 현재 교과서에서 그 내용을 찾을 수 없습니다. 그 개념이 학생의 장기기억 속에 남아 있다면 무사히 개념정리 노트를 작성할 수 있겠지만 대부분은 개념학습을 과거부터 잘 해온 것이 아니므로 머릿속 기억에 남아 있을 가능성이 크지 않습니다. 이런 경우에는 옛날 교과서를 찾아보든가 인터넷을 이용할 수 있는데, 보다 손쉽게는 수학사전을 이용하는 방법이 있습니다.

지금 공부하는 게 수학 맞습니까?

　수학 개념정리 노트는 단번에 작성할 필요는 없습니다. 세 번 정도 보완하면서 완성하면 됩니다. 그래서 노트 양식 첫 부분에 날짜 쓰는 칸이 3개입니다. 두 번째 날짜를 기록할 때부터는 가급적 처음 정리한 펜과 다른 색깔을 사용하는 것이 좋습니다. 그렇게 하면 어떤 개념을 몇 번째에 완성했는지 확인할 수 있고, 노트에 정리한 수학 개념을 자기 것으로 완벽하게 소화하는 데 도움이 됩니다.

　개념정리 노트는 초등 저학년에게 다소 어려울 수 있습니다. 하지만 초등 고학년부터는 깊이 있는 공부를 위해 반드시 필요합니다.


## 절차적인 학습도 개념적인 학습을 통해 이루어져야 한다

　개념적인 학습은 3단계 개념학습법에 맞춰서 수학을 공부하는 방법을 말합니다. 이에 반해 절차적인 학습은 주로 문제를 푸는 과정에서 경험하게 되는데, 문제 풀이 방법을 익혀서 문제의 답을 구하는 공부를 말합니다. 개념적인 이해가 충분한 경우에는 절차적인 학습이 저절로 일어납니다. 그런데 절차적인 학습으로 문제 풀이 과정을 먼저 경험한 경우에는 이것이 개념적인 학습으로 이어지지 않습니다. 혹자는 문제를 많이 풀면 개념적인 이해가 일어난다고 하는데 공식에 따라 절차적으로 문제만 많이 푼다고 개념을 이해하게 되는 것은 아닙니다.

개념 이해가 충분하지 않은 상태에서는 문제를 제대로 풀기가 어렵습니다. 자연스레 해답을 보고 문제 푸는 방법을 익히게 됩니다. 이렇게 공식을 무조건적으로 암기해서 문제 풀이에 적용하다 보면 문제가 풀리기도 합니다. 그리고 실제로 많은 학생이 이런 방식으로 수학 공부를 하고 있습니다. 그런데 이것은 공부가 아닙니다.

초등학교와 중학교를 다니는 동안 절차적인 학습으로만 수학 공부를 해온 학생이 있었다. 고등학생이 되어 절차적인 방법이 통하지 않는다는 것을 깨닫는 데까지는 그리 오랜 시간이 걸리지 않았다. 첫 단원부터 걸리기 시작했던 것이다. 이 학생에게 교과서 연습문제에 나온 평범한 문제를 풀 수 있는지 물었는데, 이런 문제를 풀어본 적이 없어서 어떻게 풀어야 할지 모르겠다고 했다. 그래서 문제에 나온 2가지 개념을 하나씩 물었더니 어느 것 하나도 제대로 알지 못했다. 교과서 본문에 나온 그 2가지 개념을 읽어보도록 하고 10여 분 후에 개념을 다시 물으니 조금 더듬거리면서도 정확하게 설명해냈다. 이제 아까 그 문제를 다시 주었는데 이번에는 정확하게 문제를 풀어냈고, 정답을 맞혔다. 그런데 놀란 것은 오히려 그 학생이었다. "이렇게 문제가 풀리는 거였나요?", "왜 여태 이 방법을 몰랐을까요?"

제가 하고 싶은 질문이었지요. 고1이 되도록 이런 방법으로 공부한 적이 한 번도 없다니, 언제부터 수학 공부 방법이 잘못되었던 것일까요? 중학교까지 그럭저럭 성적이 나왔다는 것을 생각하면 얼마나 많은 문제를 풀고 그 풀이 방법을 외웠을지, 안타깝기 그지없었습니다. 고생은 고생대로 했지만 남은 것이 없는 '밑 빠진 독에 물 붓기'식 공부를 한 것이지요. 열심히 했지만 남아 있지 않은 공부, 고등학생이 되었지만 초등학교 수학 개념과 중학교 수학 개념이 제대로 축적되지 않은 상태, 이런 경우를 기초가 없다고 말합니다. 수학에서 기초가 중요하다고 생각하면서도 기초를 쌓지 않는 절차적인 학습이 퍼져 있습니다.

## '수포자' 발생 원인은 절차적인 학습이다

2021년 말 사교육걱정없는세상이 전국의 약 3,500명 학생을 대상으로 설문 조사한 결과를 보면 초등학생은 8명 중 1명이, 중학생은 4명 중 1명이, 고등학생은 3명 중 1명이 스스로를 '수포자'라고 밝혔습니다. '수포자'가 발생하는 원인은 무엇일까요? 수학은 본래 어려운 과목이고 아무나 잘할 수 없기 때문에 수학 과목에서 '수포자'가 생기는 것을 당연하게 여기는 사람이 있습니다. 하지만 '수포자', 즉 수학을 스스로 포기했다고 선언하는 학생이 우리보다 수학 성적이 낮은 국가에도 이렇게 많지 않다는 것이 문제입니다.

우리나라 학생들이 유독 수학을 싫어하고, 수학 공부를 일찍 포기하는 것은 우리나라 수학 시험이 절차적인 학습을 요구하는 문제 일색이기 때문입니다. 정해진 시간 안에 많은 문제를 빨리 풀어야만 하는 시험 문화가 아이들의 학습에 영향을 준 탓입니다. 높은 성적을 받기 위해서 많은 문제를 푸는 경험이 필요했던 것이지요.

절차적인 학습을 다른 말로 하면, '왜 그런지는 모르지만 답을 구할 수는 있다', '원리는 모르지만 문제를 풀어 답은 맞힐 수 있다'가 됩니다. 왜 그런지를 모르는 것은 개념을 모르는 것이기 때문에 수학 공부를 왜 해야 하는지, 수학 공부를 해서 뭐가 좋은지, 수학 공부가 인생에 왜 꼭 필요한지를 전혀 납득할 수 없는 상태입니다. 그래서 수학 공부 자체가 쓸모없는 것으로 여겨지고, 어려운 문제를 풀지 못하는 데서 받은 상처가 쌓이면 스스로 무너지고 말지요.

초등학교 저학년 때 수학을 포기한 학생의 경우 그 원인은 상당수가 구구단의 무조건적인 암기에 있습니다. 덧셈과 뺄셈은 어릴 때부터 익숙하게 해왔던 수 세기의 연장으로 가능하지만 곱셈은 똑같은 수의 덧셈이 반복되는 개념을 이해해야 합니다. 똑같은 수의 덧셈이 곱셈이라는 것을 이해하지 못한 채 운율에 맞춰 무한 반복 구구단을 암기하는 지루한 공부 끝에서는 수학이 싫어지지 않는 것이 더 이상할 것입니다. 초등학교 고학년에서는 주로 분수의 사칙연산을 배울 때 고비가 찾아옵니다. 분수의 사칙연산에서 덧셈과 뺄셈은 방법이 비슷하지만 곱셈은 곱셈대로, 나눗셈은 나눗셈대로 그 방법 자체가 전혀 다르거든요. 공식이 많고 복잡한 탓에 포기하는 것이지요.

5학년 지수는 약수와 배수를 배운 다음 크기가 같은 분수와 약분과 통분을 배웠는데, 이런 내용을 왜 배우는지 알지 못했다. 이어지는 분모가 다른 분수의 덧셈 역시 절차적인 방법만 익혔다. 그래도 연산학습지의 많은 문제를 푸는 데는 지장이 없었다. 그런데 수많은 분수의 덧셈을 지루하게 공부하다 보니 갈수록 수학이 싫어졌고, 이 사실을 부모님에게 사실대로 얘기했다. 부모님의 요청으로 지수와 상담을 하게 되었는데, 지수는 $\frac{3}{4}+\frac{1}{6}$ 과 같이 분모가 다른 분수의 덧셈에 대한 개념적인 설명을 하지 못했다. 처음에 통분하는 것을 보고 왜 통분을 하는지 물었는데 대답하지 못했고, $\frac{1}{4}+$ $\frac{2}{4}$ 와 같이 분모가 같은 분수의 덧셈을 주면서 왜 분모는 그대로 두고 분자끼리만 더하느냐고 물었을 때도 답하지 못했다. 다시 분수 $\frac{2}{4}$ 의 뜻을 물어보았는데, 지수는 분수의 개념도 부족해 보였다. 그래서 초등수학사전을 펼치고 3학년에서 분수의 뜻을 익히도록 했더니 이내 분수의 뜻을 이용하여 분모가 같은 분수의 덧셈을 설명할 수 있었다. 분모가 다른 분수의 덧셈을 설명하려면 약수와 배수, 크기가 같은 분수, 약분과 통분의 개념이 필요하므로 집에 가서 개념을 스스로 정리해보라고 시간을 줬다. 이후 지수는 개념정리 노트를 계속 작성해나갔고, 6학년의 '분수의 사칙연산'을 개념적으로 이해할 수 있게 되었다.

## 슈퍼 갔다 와라

실험과 설문 조사, 그리고 수학교육 논문을 통해서 발견한 것이 있습니다. 왜 그런지를 모르는 상태로 암기를 강요당하는 공부는 누구나 싫어한다는 사실입니다. 당연합니다. 학교에서 이제 막 돌아왔는데 부모님이 다짜고짜 "슈퍼 갔다 와!" 하고 시켰을 때, 뭘 사 와야 하는지도 묻지 않고 그냥 슈퍼에 다녀올 학생은 없을 것입니다. 반드시 물어야 하지요. 슈퍼에 왜 갔다 와야 하는지, 뭘 사 와야 하는지. 그런 다음 심부름을 할지 말지 결정해야 합니다.

개념적인 이해를 시도하지 않고 무조건적으로 공식을 외워 닥치는 대로 문제를 푸는 수학 공부 방식은 발전이 없습니다. "슈퍼 갔다 와"라는 말을 듣고도 아무런 질문 없이 그냥 슈퍼에 뛰어갔다 오는 어이없는 일과도 같습니다. 슈퍼를 그냥 갔다 오지 않듯이 수학 공부도 그냥 해서는 안 됩니다. 왜 그런지 하나하나 따지고 물어가며 공부해야 합니다.

$\frac{1}{4} + \frac{2}{4}$의 계산을 할 때 분모가 같으니 분모는 그대로 두고 분자끼리만 더하면 된다는 절차적인 방법으로 $\frac{3}{4}$이라는 답을 쉽게 구할 수 있습니다. 그런데 이때 분모는 왜 그대로 두는지, 분모도 더해서 $\frac{3}{8}$이라고 답하면 왜 안 되는지를 알아야 합니다. 과거 개념에서 그 근원을 찾아내어 연결하는 것이 개념적인 학습입니다. 개념적인 학습은 결과에만 집착하는 것에서 벗어나 훨씬 넓고 다양한 생각으로 가능성을 넓혀나가는 공부입니다.

## 개념을 연결하는 것은 자기주도성을 높이는 것이다

$\frac{1}{4} + \frac{2}{4}$의 계산에서 왜 분모는 더하지 않고 분자만 더할까요? 이때는 분수의 개념을 연결해야만 합니다. $\frac{1}{4}$은 전체를 4개로 똑같이 쪼갠 것 중 1개를 뜻하며, $\frac{2}{4}$는 전체를 4개로 똑같이 쪼갠 것 중 2개를 뜻합니다. 그러므로 $\frac{1}{4} + \frac{2}{4}$는 전체를 4개로 쪼갠 것 중 3개, 즉 $\frac{3}{4}$입니다. 분모는 변하지 않았고, 분자만 더해진 것을 발견할 수 있습니다. 그래서 그런 공식이 만들어진 것입니다. 분수의 개념을 연결하면 분수의 덧셈을 자기주도적으로 계산할 수 있습니다. 성인에게 배우지 않아도 분수의 정의와 덧셈을 연결해서 분수의 덧셈을 스스로 할 수 있게 되는 것입니다.

이제 분모가 다른 경우를 생각해보겠습니다.

$\frac{1}{2}+\frac{1}{3}$은 어떻게 계산할까요? 설마 분모는 분모끼리 더하고, 분자는 분자끼리 더해서 $\frac{2}{5}$가 된다고 답하고 싶은 것은 아니겠지요? 분모가 다른 분수의 덧셈을 아직 배우지 않았더라도 이전에 배운 분모가 같은 분수의 덧셈을 연결하면 어떨까요? 분수의 덧셈에서 분모가 다른 경우는 계산할 줄 모른다 쳐도 분모가 같은 경우는 개념적으로 계산할 수 있으므로 이를 이용해볼 수 있습니다. 즉, $\frac{1}{2}$과 $\frac{1}{3}$의 분모를 6으로 통분하는 방법을 사용합니다. $\frac{1}{2}+\frac{1}{3}=\frac{3}{6}+\frac{2}{6}$로 고치면 이제 분모가 같으므로 이전에 학습한 개념에 따라 $\frac{5}{6}$로 계산할 수 있습니다.

이렇듯 성인의 도움 없이도 분수의 정의로 분모가 같은 분수의 덧셈을 해결하고, 다시 분모가 다른 분수의 덧셈을 해결할 수 있습니다. 모두가 자기주도적이지요. 개념을 연결하는 부분이 많아질수록 자기주도성도 커지는 것입니다. 수학에서 자기주도적 학습은 누가 시켜서 또는 누가 도와줘서 이루어지는 것이 아니라 수학 개념을 연결하는 과정에서 완성됩니다. 이렇게 수학을 자기주도적으로 공부하게 되면 성인의 도움을 최소화할 수 있습니다.

## 개념연결은 어디까지인가

결론부터 말하면 개념연결은 끝이 없습니다. 개념의 시작점은 분명히 존재하지만 개념연결의 끝은 있을 수 없습니다. 계속됩니다. 왜냐하면 수학 개념은 계속 발전하고 있으며 그 발전은 멈추지 않기 때문입니다.

분수의 뺄셈부터 다시 시작해볼까요?

$\frac{5}{7} - \frac{2}{7} = \frac{3}{7}$입니다. 절차적으로 설명하면 분모가 같은 분수의 뺄셈은 덧셈과 마찬가지로 분모는 그대로 두고 분자끼리 빼면 됩니다. 개념적으로 설명하면 $\frac{5}{7}$는 단위분수 $\frac{1}{7}$이 5개 있는 것이고, $\frac{2}{7}$는 단위분수 $\frac{1}{7}$이 2개 있는 것이므로 $\frac{5}{7} - \frac{2}{7}$는 단위분수 $\frac{1}{7}$이 3개인 $\frac{3}{7}$입니다.

이제 중학교로 올라가볼까요?

$5x-2x=3$으로 계산하는 학생들이 있습니다. 이유를 물으니 5-2는 3이고, $x-x$를 계산하면 $x$가 없어지므로 답이 3이라는 것입니다. 그런데 중학교 교과서를 보면 분배법칙이라는 것이 있습니다. 분배법칙을 이용하면 $5x-2x=(5-2)x=3x$로 계산할 수 있어요. 즉, 답은 3이 아니고 $3x$입니다.

그런데 법칙, 곧 공식을 사용하는 것은 절차적인 방법이기 때문에 왜 그런지를 설명할 수 있어야 합니다. 하지만 중학교 교과서에서는 이 부분에 대한 정확한 설명을 찾을 수 없습니다. 그래서 분배법칙의 원리를 개념적으로 이해하지 못한 학생의 경우, 자기 것으로 소화해서 장기기억화하기가 어렵기 때문에 언제든 다시 $5x-2x=3$이라고 답할 수 있습니다. 또 틀리는 것이지요. 따라서 분배법칙이 성립하는 이유를 설명하는 학습이 필요합니다. 이를 앞에서 2단계 개념학습이라고 했습니다.

$5x-2x$에서 $5x$의 5와 $x$ 사이에는 규정에 따라 곱셈기호가 생략된 것입니다. 즉, $5x=5 \times x$이지요. $5 \times x$는 $x$를 5번 더한 것이므로 $5 \times x=x+x+x+x+x$입니다. 그렇다면 $2x$도 $x$를 2번 더한 것이므로 이제 뺄셈을 하면 $x+x+x$가 남습니다. $x+x+x$를 다시 곱셈으로 고치면 $3 \times x$이고, 수와 문자 사이의 곱셈기호는 생략할 수 있으므로 간단하게 $3x$라고 쓸 수 있는 것입니다.

이것을 초등학교 분수의 뺄셈 $\frac{5}{7}-\frac{2}{7}=\frac{3}{7}$과 연결하면 $\frac{1}{7}$을 $x$로 생각할 수 있습니다. $\frac{5}{7}$에서 분모 7은 개수가 아니라 $\frac{1}{7}$이라는 단위를 뜻하는 개체이고 분자 5는 단순한 개수라고 볼 수 있습니다. $5x$ 역시 $x$가 5개 있는 것으로 이해할 수 있습니다.

초등학교 분수의 덧셈과 뺄셈을 절차적으로만 공부하지 않고 개념적으로 공부하면 이후 중학교에 가서 다항식의 덧셈과 뺄셈에 개념이 그대로 연결되는 경험을 하게 되는데, 이는 수학의 가치와 중요성을 이해하는 데 도움을 주지요.

이번에는 제곱근입니다. 제곱근의 덧셈과 뺄셈도 문자나 분수와 같이 계산할 수 있습니다. 예를 들어, $5\sqrt{3}-2\sqrt{3}=3\sqrt{3}$인데 이때도 $\sqrt{3}$을 버리고 $5\sqrt{3}-2\sqrt{3}=3$으로 계산하는 학생들이 있습니다. 이유는 $5x-2x=3$으로 계산한 것과 똑같습니다. 그런데 제곱근의 계산은 다항식에서 동류항을 정리하는 방법과 똑같은 방법으로 계산하도록 교과서에 안내되어 있습니다. $5\sqrt{3}-2\sqrt{3}$에서 $\sqrt{3}$은 문자가 아닌데 왜 다항식과 '똑같은 방법으로' 계산해야 할까요? 그 이유는 $\sqrt{3}$을 개체로 보는 안목이 있어야 이해할 수 있습니다. 즉, $5\sqrt{3}$이나 $2\sqrt{3}$도 곱셈기호를 다시 덧셈으로 바꾸어 생각하면 똑같은 계산이 가능합니다.

놀라운 것은 분수의 단위분수 개념이 문자식이나 제곱근의 계산 등 다른 여러 연산에 사용되고 연결된다는 사실입니다. 그리고 그 연결은 수학의 일관성을 보여주므로 이를 통해 학생들은 수학을 뭔가 괜찮은 과목이라고 생각하게 됩니다.

앞서 말한 것처럼 수학이 존재한다면 그 순간까지 개념은 계속 연결됩니다. 그게 수학이니까요. 그래서 초등학교 수학이 중요합니다. 모든 수학의 기초는 초등학교에 있습니다. 초등학교 수학과 중학교 수학을 연결하지 못하면 중학교 수학의 기초가 그만큼 약해집니다. 초등학교 수학은 중·고등학교 수학에 연결될 때 진정 빛을 발합니다. 우리 아이가 초등학교만 다닐 것이 아니라 이후 중·고등학교에도 다니게 될 것이라는 사실을 기억합시다.

## 개념적인 학습의 장점

절차적인 학습, 즉 공식을 무조건적으로 암기해서 문제 풀이 기술만 익히는 공부로는 수학을 자기 것으로 소화할 수 없고, 기초가 아주 약해집니다. 수학의 각 개념을 정의와 성질(공식, 법칙, 정리)로 구분하여 정리하고 각 개념 사이의 연결성을 충분히 만들어내는 공부, 즉 개념적인 학습만이 진정한 수학 공부입니다.

개념학습의 장점은 무엇일까요? 4가지로 정리할 수 있습니다.

첫째, 개념적으로 공부하면 서로 다른 것을 연결하는 능력이 강해집니다. "나는 도형 문제를 계산으로 푸는 문제가 힘들어", "연산과 도형이 어떻게 연결된다는 거야?" 하고 말하는 학생들을 흔히 봅니다. 수학의 영역을 크게 2가지로 나눈다면 연산 영역과 도형 영역입니다. 연산 영역에 강한 학생 중에는 도형 영역에 유달리 약한 경우가 있고, 그 반대인 경우도 있습니다. 연산 영역 내에서도 자연수의 연산은 잘하지만 분수의 연산이 힘든 경우도 있습니다. 모두 연결능력이 부족하기 때문입니다.

21세기에는 정보가 없어서 무엇을 못 하는 것이 아니라 정보가 너무 많아서 어떤 정보를 이용해야 할지 모르는 것이 더 문제가 됩니다. 그 많은 정보 중 꼭 필요한 정보를 끄집어내어 연결하는 능력이 필요하지요. 서로 관계가 없을 것 같은 정보를 연결하여 새로운 것을 만들어내는 능력, 이것이 곧 창의력입니다. 창의력은 연결능력으로 개발될 수 있는데 수학은 모든 개념이 연결되어 있으므로 수학을 개념적으로 공부하다 보면 수많은 연결 경험이 쌓이고, 이는 그대로 창의력 개발로 이어집니다.

둘째, 개념적으로 공부하면 응용능력이 생깁니다. 개념을 연결하면 응용할 수 있는 범위가 넓어져서 아직 배우지 않은 개념에 대해서도 추측할 수 있는 능력, 즉 추론능력이 향상됩니다.

예를 들어, 두 자리 수의 덧셈을 개념적으로 충분히 이해한 초등학생은 1년 후 수업 내용인 세 자리 수의 덧셈 개념을 연결하여 이해할 수 있습니다. 두 자리 수의 덧셈 15+27에서 십의 자리 수와 일의 자리 수를 분리하여 각각 더하는 방법을 이해한 아이는 세 자리 수의 덧셈 567+798에 대해서도 각 자리 수를 분리하여 각각 더하는 방법을 사용하여 덧셈 결과를 얻을 수 있습니다.

두 자리 수의 덧셈을 틀리지 않고 잘 맞히던 학생이 세 자리 수의 덧셈을 잘하지 못하거나 틀리는 경우가 있는데, 이 학생은 두 자리 수의 덧셈을 절차적인 세로셈으로만 익히고 연습했을 가능성이 큽니다.

$$15+27$$
$$=10+20+5+7 \quad \longleftarrow \quad$$ 15와 27을 각각 십의 자리와
일의 자리로 나누어 십의 자리끼리,
일의 자리끼리 더합니다.
$$=30+12 \quad \longleftarrow \quad$$ 두 수를 더합니다.
$$=42$$

$$567+298$$
$$= 500+200+60+90+7+8$$
$$= 700+150+15$$
$$= 865$$

**가로셈으로 덧셈 개념을 확장하고 추론능력을 키울 수 있다.**

초등에서 삼각형의 세 각의 크기의 합을 처음 배울 때는 삼각형보다 작은 도형이 없기 때문에 삼각형을 직접 쪼개서 세 꼭짓점을 한 점으로 모아보는 작업을 합니다. 세 꼭짓점이 일직선에 모이는 것을 확인하고 그 합이 $180°$임을 알게 되지요.

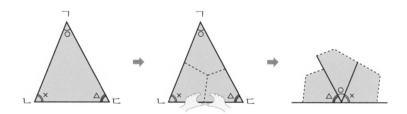

지금 공부하는 게 수학 맞습니까?

이제 사각형의 네 각의 크기의 합을 구할 때는 이렇게 쪼개는 작업을 하지 않아도 됩니다. 사각형을 대각선으로 나누면 삼각형 2개가 나오기 때문이지요. 사각형 안에 삼각형이 2개 있으므로 사각형의 네 각의 크기의 합은 $180° \times 2 = 360°$로 구할 수 있습니다. 이게 개념연결입니다.

중학교에서는 오각형부터 다시 내각의 크기의 합을 구합니다. 육각형, 칠각형, ……, $n$각형까지 모든 다각형의 내각의 크기의 합을 구하는 일반적인 공식을 유도하게 됩니다.

**모든 다각형의 내각의 크기의 합은 초등에서 배운**
**삼각형의 세 각의 크기의 합으로 쉽게 구할 수 있다.**

아직 오각형이나 육각형, 궁극적으로는 일반적인 $n$각형의 내각의 크기의 합을 구하는 공식을 배우지 않았더라도 초등에서 공부한 삼각형과 사각형의 내각의 크기의 합을 구하는 방식을 연결하면 오각형, 육각형의 내각의 크기의 합을 구할 수 있으며, $n$각형의 내각의 크기의 합을 구하는 공식까지도 만들어낼 수 있는 힘이 발휘됩니다. 이것이 응용능력입니다.

"나는 응용능력이 없나 봐", "문제의 조건이 조금만 바뀌어도 잘 풀리지가 않아"라고 말하는 학생들을 종종 봅니다. 그런데 이와 같은 응용능력은 타고나는 것이 아닙니다. 응용능력은 학습 습관에 달려 있습니다. 개념적인 학습 습관을 가진 학생은 뛰어난 응용능력을 갖게 됩니다.

셋째, 개념적으로 공부한 내용은 장기기억화됩니다. 절차적으로 공부한 부분은 단기적으로 단원평가까지는 기억할 수 있을지 몰라도 시험이 끝나고 시간이 흐르면 아이의 기억 속에서 사라지는 것이 보통이지요. 평소 하지 않다가 시험 때가 닥쳐서 갑자기 서둘러 하는 공부를 벼락공부라고 하는데, 이때는 개념적인 방법이 아니라 절차적인 방법으로 공부하게 되므로 이렇게 공부한 내용은 시험 때까지만 유효합니다. 5학년 선생님은 가끔 "도대체 4학년에서 뭘 배웠는지 모르겠어요. 학생들이 4학년 수학을 하나도 기억하지 못해요. 4학년 것부터 다시 설명해야 해서 시간이 두 배로 걸려요."라고 말합니다. 중학교 선생님도 마찬가지입니다. "초등학교의 기본적인 연산, 즉 분수의 사칙연산이나 자연수의 혼합 계산이 하나도 안 되는 학생들이 많아요. 도대체 초등학교 수학 시간에 뭘 배운 것인지 모르겠어요." 절차적인 공부가 유행하는 우리나라에서는 흔하게 볼 수 있는 현상이지요.

절차적으로 공부하면 개념의 연결성이 약하기 때문에 그 내용이 장기기억화되기 어렵습니다. 개념적인 공부를 하면 어느 한 부분을 기억하지 못해도 관련 개념을 연결하거나 응용하여 다시 복원할 수 있답니다. 연결성이 강해서 저절로 기억되는 장점도 있고요. 개념적으로 공부한 것은 머릿속에서 개념 사이의 연결 지도로 그려지니까요. 고등학교 수학을 공부할 때도 초등학교 수학이 연결되는 기쁨을 맛볼 수 있는 것은 장기기억화된 개념이 되살아나기 때문입니다.

넷째, 개념적으로 공부한 학생은 수학을 왜 배워야 하는지를 결국 깨닫습니다. 수학의 가치를 인식하게 되지요. 그렇게 되면 수학에 대한 내적인 동기가 생겨서 저절로 수학이 좋아지는 효과가 나타납니다. 이런 경험이 가능한 것은 개념의 연결 때문입니다. 수학을 싫어하고, 수학의 가치를 인식하지 못하며, 수학을 불필요한 과목이라고 생각하는 학생이 많습니다. 왜일까요? 학생들의 수학 공부 방법이 대부분 문제집을 붙잡고 한없이 씨름하는 형태이기 때문입니다. 불행하게도 문제집에는 개념적인 공부를 돕는 장치가 없습니다. 문제집은 말 그대로 문제집일 뿐입니다. '개념'문제집이라고 이름 붙인 문제집에도 제대로 된 개념이 없습니다. 개념을 제대로 설명한 책은 교과서밖에 없습니다. 그런데 우리나라 학생들은 교과서를 학교 사물함에 두고 수업용으로만 사용하고 있습니다. 진짜 자기 공부를 할 때, 즉 혼자서 공부하거나 방과 후 사교육에서 공부할 때도 문제집을 가지고 공부합니다. 개념 공부를 하는 학생은 도통 보이지가 않습니다. 그러니 아이들도 수학을 왜 배우는지 알 수 없습니다. 원하는 대학에 가기 위해서 수학을 공부하는 외적인 동기만 가지고는 절대로 수학이 좋아질 수 없습니다.

지은이는 초등학교에서 모든 과목 중 수학 공부를 제일 열심히 했다. 그런데 항상 수학 성적이 불만이었다. 다른 과목에서 모두 100점을 받아도 유독 수학에서만 꼭 몇 개를 틀렸다. 그래서 더욱 많은 수학 문제집을 풀었지만 좀처럼 100점을 받지 못했다. 그런데 6학년을 마치고 중학교 입학 직전 겨울방학 중에 개념적인 공부 방법에 대한 강의를 듣고 선생님 놀이까지 실천하는 경험을 하게 되었다. 중학교에 가서 처음 마주친 소수를 개념적으로 공부하면서 소수가 '1보다 큰 자연수 중 1과 자기 자신만을 약수로 가지는 수'라는 정의를 초등수학 개념과 연결하여 '1이 아닌 다른 자연수로 나누어 떨어지지 않는 수'로 바꾸기도 하고(5학년 약수 개념 연결), '1이 아닌 다른 두 자연수의 곱으로 나타낼 수 없는 수'로 바꿀 수도 있었다(2학년 곱셈 개념 연결). 어느 날, 중학교 심화문제집에서 "23×29는 소수인가?"라는 문제를 풀 때 갑자기 초등 2학년 곱셈 개념으로 23×29가 두 자연수의 곱이기 때문에 소수가 아니라는 사실을 깨닫고 스스로 놀라움을 감추지 못했다.

## 공식을 증명하는 것은 최고의 문제 풀이 방법이다

심화학습은 무엇일까요? 정의가 분분할 수 있습니다. 첫째로 생각할 수 있는 것은 어려운 문제를 푸는 것입니다. 둘째로는 학생 개인의 내적인 부분을 생각해서 고등 사고력을 발휘하는 학습이라고 말할 수도 있습니다. 셋째로는 한자어 뜻을 그대로 번역하여 심화深化, 즉 깊이가 있는 학습으로 생각할 수 있습니다. 개념에 대한 깊고 충분한 이해를 대입해 생각하면, 관련된 개념을 모두 다 연결하여 이해하는 학습이라고 생각할 수 있습니다. 저는 이 세 번째 정의를 심화학습이라고 생각합니다.

심화문제를 푸는 것보다 더 어려운 것이 개념학습의 2단계 개념인 성질과 공식 등을 유도하고 증명하는 일입니다. 증명은 최고의 문제풀이 방법입니다. 또한 3단계 개념연결에서도 깊이 있는 공부가 이루어집니다.

## 쉬운 문제를 여러 가지 방법으로 푸는 것만으로도 심화학습이 가능하다

심화학습 방법을 생각해봅시다.

보통은 심화문제집, 사고력 문제집을 풀면 사고력이 향상된다고 생각합니다. 올림피아드 문제나 경시대회용 문제 등 어려운 문제를 푸는 과정에서 사고력이 향상될 것이라고 생각하기도 합니다. 그런데 아이의 입장에서는 문제가 너무 어려우면 몇 시간을 붙잡고 있어도 아무런 단서나 생각의 실마리조차 잡지 못해 답답하고 힘든 시간을 보내게 될 수 있습니다. 이 과정에서 수학을 잘한다는 자신감마저 잃을 수 있습니다.

쉬운 문제를 풀면서도 심화학습을 할 수 있습니다. 이미 푼 문제를 이용하는 것입니다. 이미 푼 문제를 다시 보면 문제를 해결하지 못하고 상처받는 일이 없습니다. 문제를 해결했다는 자신감도 이미 가지고 있지요. 오히려 문제를 다양하게 푸는 방법을 고안하고 그 문제에 얽힌 다양한 개념을 연결 짓는 과정을 통해 생각을 확장할 수 있습니다. 문제를 일반화해서 추상적인 결론을 도출해낼 수도 있습니다.

수능에서 고득점을 받은 학생들의 수학 학습에는 공통점이 있습니다. 문제집을 여러 권 대충 풀기보다 한 문제집을 여러 번 푼 것입니다. EBS의 한 다큐멘터리에 출연한 고2 학생의 경우, 고2 초반에는 수학 성적이 꼴찌 수준이었는데 1년 동안 문제집 한 권을 열 번이나 푼 결과 전교 1등을 하게 되었습니다.

이때 열 번을 푸는 구체적인 방법은 모두 다릅니다. 두 번째, 세 번째 풀어나갈 때 이미 해결한 문제를 다시 풀 수도 있고, 아니면 건너뛸 수도 있습니다. 사고력이 커지는 효과는 이미 해결한 문제를 두 번째, 세 번째 풀 때 나타납니다. 이미 푼 문제를 다시 풀 때는 이전의 방식이 아닌 다른 방식의 풀이를 만들어내야 합니다. 결코 쉬운 일이 아닙니다. 처음에는 잘 안 되겠지만 점점 풀이 방법이 늘어나는 것을 경험할 수 있습니다. 꾸준히 이 방법을 실천하면 다양한 사고력을 키울 수 있습니다. 그것이 곧 고등 사고력입니다.

아주 쉬운 문제, 예를 들면 "18, 27, 36의 평균을 구하라."라는 문제를 한번 풀어봅시다.

이런 문제는 평균을 배운 초등학생이면 누구나 풀 수 있습니다. 가장 보편적인 방법은 세 수를 다 더한 다음 3으로 나누는 것입니다. 계산 과정을 살펴보면 18＋27＝45, 45＋36＝81, 81÷3＝27이므로 평균은 27입니다. 지금 이 글을 보고 있는 사람의 절반 이상은 이렇게 풀었을 것입니다. 그런데 이 방법은 두 자리 수 덧셈을 두 번 해야 하고, 덧셈마다 받아올림이 일어나므로 비교적 까다롭고 실수가 많이 나오는 방법입니다. 그럼 또 어떤 방법으로 세 수의 평균을 구할 수 있을까요?

어떤 사람은 가운데 27을 중심으로 18은 9가 부족하고, 36은 9가 남으니 ±0이라고 생각해서 평균은 그냥 27이라고 구했습니다. 덧셈을 한 것이 허무하지요. 어떤 사람은 미리 3으로 나누고 몫인 6, 9, 12를 더했습니다. 6＋9＋12＝27입니다. 이 방법은 답은 맞지만 항상 그래도 되는지 일반화하는 과정이 마음에 걸릴 수 있습니다. 일반화는 문자로 하는 것이 효과적입니다. 즉, $\frac{a+b+c}{3} = \frac{a}{3} + \frac{b}{3} + \frac{c}{3}$가 항상 성립할까요? 문자를 사용했기 때문에 중1 과정으로 생각되겠지만 내용을 보면 초등학교 고학년도 이해할 수 있습니다.

또 어떤 사람은 대충 10 단위로 맞추어 세 수를 20, 30, 40으로 생각했습니다. 그러면 쉽게 그 합이 90이 되는데, 이를 3으로 나누어 30이라는 임시 평균을 구한 다음 본래 수들의 부족분 -2, -3, -4를 합하여 나오는 -9를 3으로 나눈 값 -3을 평균 30에서 빼어 27을 구했습니다.

아주 쉬운 문제로도 이렇게 다양한 사고를 경험할 수 있는데, 많은 학생이 모두 더해 3으로 나누는 방법으로 평균을 구한 이후 이 문제를 다시 거들떠보지 않습니다.

어려운 문제를 풀어서가 아니라 간단한 문제를 통해서도 이렇게 다양하고 깊이 있는 심화학습을 진행할 수 있습니다. 간단한 문제이기 때문에 문제를 풀지 못할 수도 있다는 두려움에서 자유롭고, 문제의 행간에 흐르는 사고를 바라보는 여유도 생깁니다. 쉬운 문제를 다양하게 해결하는 경험으로도 충분한 심화학습이 이루어지지요.

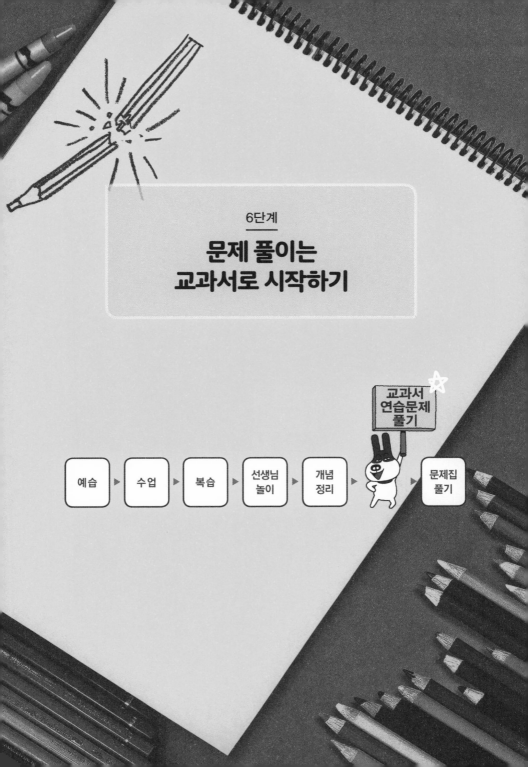

6단계

# 문제 풀이는
# 교과서로 시작하기

예습 ▸ 수업 ▸ 복습 ▸ 선생님 놀이 ▸ 개념 정리 ▸ 교과서 연습문제 풀기 ▸ 문제집 풀기

## 문제 풀이는 교과서와 익힘책부터

새로 배운 개념에 대한 이해가 충분하다면 이제 문제를 풀어볼 준비가 된 것입니다. 거듭 강조하지만 문제 푸는 일에 섣불리 뛰어들지 않기를 당부합니다. 많은 학생이 교과서의 개념이나 원리를 공부하기보다 문제를 푸는 것에 집중하는데, 개념이나 원리는 잘 모르면서 절차적인 방법만 익혀 문제를 풀고 수학 공부를 다 했다고 생각한다면 큰 오산입니다. 이런 공부는 응용능력을 키워주지 못하므로 문제의 조건이 약간만 바뀌어도 풀 수 없는 상태가 되고 맙니다. 특히 심화문제는 풀기가 정말 어렵겠지요.

일단 교과서의 연습문제와 익힘책에 나온 문제를 푸는 것부터 시작합니다. 뒤에 있는 풀이는 가급적 보지 않고 스스로 풀려고 시도

합니다. 안 풀리면 세 번 정도 도전하기 바랍니다. 개념학습이 충분히 된 상태라면 대부분의 문제는 개념을 연결하여 해결할 수 있습니다. 개념연결의 힘은 문제를 해결할 때 발휘됩니다. 문제를 푸는 방법은 2단계 개념학습에서 공식을 만들어내고 유도하는 과정과 거의 유사합니다. 그래서 공식만 암기하고 끝내는 방식으로 공부해서는 안 되는 것이지요. 문제 푸는 기술은 주로 공식을 유도하고 증명하는 과정에서 나오기 때문입니다.

문제를 풀었으면 그중 한두 문제에 대해서는 '선생님 놀이'를 시도합니다. 선생님 놀이의 상대, 즉 들어주는 사람은 부모님이나 친구 또는 동생이 될 수 있습니다. 누구인지가 중요한 것이 아니라 설명을 반드시 해야 한다는 것이 중요합니다. 이때 들어주는 사람이 단순히 고개를 끄덕이며 듣기만 해서는 효과가 반감됩니다. 설명 마디마디에 제동을 걸고 왜 그렇게 했는지, 어떻게 그렇게 나오는지 질문해주면 선생님 놀이가 성공할 가능성이 커집니다. 절차적인 문제 풀이를 개념적인 풀이로 바꾸는 것이 질문의 역할입니다. 이렇게 하면 문제 풀이도 개념적인 학습이 됩니다.

교과서 연습문제 풀이는 여기서 끝내지 않고 문제 풀이 노트를 작성하는 데까지 해보는 것이 중요합니다. 문제만 풀고 넘어가면 실력 향상의 효과를 기대하기가 어렵습니다. 시간이 걸리더라도 하루 한두 문제는 꼭 노트에 정리할 수 있도록 지도가 필요합니다.

## 문제 풀이 노트

선생님 놀이까지 마치면 어느 정도 문제 풀이 효과를 얻을 수 있지만 더 큰 효과를 보려면 문제 풀이를 통해 수학 개념을 정리하는 과정을 거쳐야 합니다. 문제 풀이도 개념적인 정리가 필요합니다. 그런데 무엇을 정리해야 할까요?

먼저, 문제를 다 풀었으면 문제를 풀기 위해 사용한 수학 개념을 살펴야 합니다. 그래서 그 개념에 대한 정의와 성질을 구분하고 정의는 정확히 암기해서 쓸 수 있는지 확인해야 합니다. 이때 성질이나 공식은 유도하고 설명하는 과정을 다시 반복합니다. '자나 깨나 개념 정리'입니다.

문제 풀이 노트를 쓰는 것이 막막한 자녀와 부모님 들을 위해 양식을 만들었는데 개념정리 노트와 마찬가지로 '최수일의 수학교육연구소' 카페-'개념학습 실천방'-'수학 개념정리 노트'에서 다운로드할 수 있습니다.

자, 이제 교과서 연습문제를 풀어봅시다.

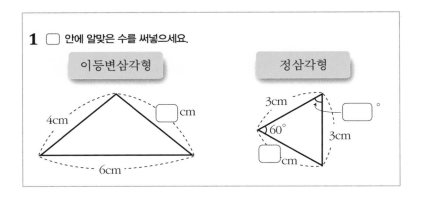

**1** ☐ 안에 알맞은 수를 써넣으세요.

이등변삼각형

정삼각형

이등변삼각형의 빈칸에 들어갈 답은 4입니다. 정삼각형의 빈칸에는 3(cm)과 60(°)이 들어갑니다.

아주 간단한 문제이지만 선생님 놀이를 한다면 이등변삼각형 문제에서 답이 왜 4인지, 정삼각형 문제에서도 답이 왜 3(cm)과 60(°)인지 설명해야 합니다. 이등변삼각형 문제에서 이등변삼각형의 뜻(1단계 개념)을 생각하면 이등변삼각형은 두 변의 길이가 같은 삼각형인데, 지금 주어진 두 변이 각각 4cm와 6cm로 서로 다르므로 빈칸은 4일 수도 있고 6일 수도 있습니다. 그림에서 눈으로 보기에는 4cm와 길이가 같지만, 수학은 눈으로 하는 것이 아니기 때문에 6이라고 해도 꼭 틀렸다고 하기는 어렵습니다. 이때는 본인에게 물어서 확인해야 합니다.

정삼각형 문제에서 변의 길이는 정삼각형의 뜻(1단계 개념)으로 구할 수 있고, 각의 크기는 삼각형의 세 각의 크기의 합이 180°(1단계 개념)이고, 세 각의 크기가 같다는 정삼각형의 성질(2단계 개념)을 이용하면 $180° \div 3$을 계산해서 $60°$임을 구할 수 있습니다. 이렇게 설명을 해보면 별생각 없이 풀었던 문제도 문제에 얽힌 개념을 하나씩 떠올리면서 풀이할 수 있습니다.

교과서 연습문제를 문제 풀이 노트에 정리해보겠습니다. 114쪽의 예시를 보면 '문제' 칸과 '풀이' 칸에는 보통 수학 노트와 마찬가지로 문제와 풀이를 씁니다. 이 노트의 핵심은 '개념의 정의' 칸과 '공식의 발견' 칸입니다.

오른쪽 '개념의 정의'에는 1단계 개념으로 이등변삼각형과 정삼각형의 뜻, 그리고 삼각형의 세 각의 크기가 $180°$라는 내용을 정리 합니다. '공식의 발견'에는 2단계 개념으로 이등변삼각형의 성질, 정삼각형의 성질을 정리합니다. 이등변삼각형의 성질로는 '길이가 같은 두 변에 있는 두 각의 크기가 같다'는 것을 쓸 수 있습니다. 개념 정리 노트에서 강조했듯이, 개념의 정의는 교과서에 나온 그대로 쓸 수 있어야 합니다. 성질을 쓸 때는 왜 그런 성질이 나왔는지에 대한 설명이 필요합니다. 초등학생은 종이접기 등에서 직관적으로 관찰한 것을 설명해도 됩니다. 그리고 정삼각형은 세 각의 크기가 같다는 성질과 삼각형의 세 각의 크기의 합이 $180°$라는 개념을 이용하여 정삼각형의 한 각의 크기는 $180° \div 3 = 60°$라는 사실을 얻을 수 있다는 내용을 정리합니다.

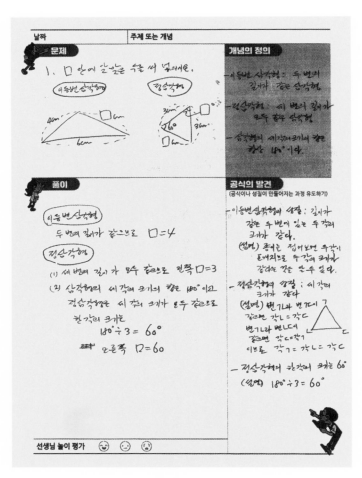

문제 풀이 노트

지금 공부하는 게 수학 맞습니까?

7단계

# 문제집 도전하기

예습 ▶ 수업 ▶ 복습 ▶ 선생님 놀이 ▶ 개념 정리 ▶ 교과서 연습문제 풀기 ▶ **문제집 풀기**

## 문제 풀이의 목적은 개념 정리를 강화하는 것이다

교과서 연습문제와 익힘책 문제를 풀고 나서 자녀가 문제를 더 풀어
보고 싶어 한다면 너무 어려운 문제집을 갑자기 풀기보다 교과서 수
준의 가벼운 문제집을 풀어봅니다. 문제를 푸는 목적은 문제 풀이
기술을 익히는 것이 아니라 개념 정리를 보다 강화하는 것입니다.
어려운 문제집은 개념의 힘이 보다 강할 때 접하는 것이 좋습니다.

한국과학창의재단에서 매달 수학클리닉 상담을 할 때, 학부모 상
담실에서 하루 2~3명의 학부모를 만났습니다.

어느 날 초등학교 3학년 남자아이의 부모님이 배낭을 메고 찾아왔
습니다. 상담 후에 어디 가족 여행이라도 가는 줄 알았는데, 아이의

어머니는 배낭 지퍼를 열어 문제집을 꺼내더니 아이가 풀고 있는 문제집이라고 했습니다. 무려 7권이나 되었지요.

문제집이 7권인 것은 일주일이 7일이기 때문이었습니다. 월화수목금토일 매일 다른 문제집을 풀고, 주말로 갈수록 수준이 높아진다고 했습니다. 그 결과 아이는 현재 자기 반에서 1등을 한다고 했지요. 어머니의 말 중간에 아버지가 끼어들어 말했습니다. "아내 때문에 힘들어요. 주중에는 늦게 퇴근하기 때문에 주말이라도 아이와 놀아주고 싶은데, 아침부터 놀러 나가자는 아이에게 수학 문제집을 풀게 한 다음 점심 때쯤 채점을 합니다. 채점 결과 틀린 게 나오면 다시 풀라고 시키는 바람에 결국 오후 늦게 나가는 상황이 매주 반복되고 있습니다. 꼭 이래야만 하나요?"

상담을 신청한 이유를 물었습니다. 2학년까지 말을 잘 듣던 아이가 3학년이 되더니 학원을 부담스러워하며 기피하고, 수학이 싫다는 말도 하는 등 어머니가 보기에는 문제가 발생했다는 것이었지요. 한시간여 상담 끝에 결국 수학 학습 부담을 줄여주는 방법으로 수준에 맞는 문제집을 한 권만 골라서 매일 반복해 풀게 하기로 했습니다.

## 7 : 3을 찾아라

어떤 문제집이 학생 수준에 맞을까요? 그것은 학생에 따라 다릅니다. 모두에게 다 좋은 문제집은 없습니다. 7 : 3이 가장 적합한데, 학생 스스로 해결할 수 있는 문제가 70퍼센트, 틀리는 문제가 30퍼센트 정도인 문제집을 말합니다. 해결할 수 있는 70퍼센트의 문제는 반드시 다시 풀어보면서 처음과 다른 풀이 방법을 찾는 것이 중요합니다. 즉, 선생님 놀이와 문제 풀이 노트를 작성하는 대상으로 삼으면 되겠지요. 아직 해결하지 못한 30퍼센트의 문제는 문제에 도전하는 것으로 공부가 됩니다.

세 번 정도 도전한 후에도 풀지 못한 문제는 풀이를 보는 방법도 괜찮습니다. 자녀가 풀이를 보고 이해했다고 말하더라도 다시 스스로 풀어보는 과정을 거치게 해 최대한 자기 것으로 소화하도록 합니다. 풀이 과정이 이해되지 않는데 억지로 암기하는 것은 큰 도움이 되지 않습니다. 성적이 중요한 시험을 앞두고 있어 일단 절차적인 방법으로 공부한 경우에도 그렇게 공부한 부분은 반드시 복습하며 개념적으로 공부하도록 지도합니다.

## 고난도 문제집 도전하기

수학에 대한 내적 동기가 있고, 어려운 문제 풀이에 도전하기를 좋아하는 학생이라면 고난도 문제집을 하나 골라서 풀어도 무방합니다. 단, 수학 경시대회 참가와 입상을 목적으로 고난도 문제집을 푸는 것은 금물입니다. 고난도 문제를 푸는 것에 흥미를 가지고 풀다 보면 경시대회에 나가 상을 탈 수도 있겠지만, 동기가 분명해야 하지요.

고난도 문제를 풀 때는 문제를 풀어 성취감을 느끼는 난이도가 가장 이상적입니다. 이런 문제는 하루 1~2개 정도면 충분합니다. 그리고 자녀 스스로 풀어내야 합니다. 전문가의 도움을 받고 싶다면 한두 달이나 서너 달 정도는 괜찮지만, 6개월 이상 지속하면 자기주도성을 잃을 수 있습니다. 결국 언젠가는 점수의 노예가 되고 맙니다.

그런데 어려운 문제를 잘 풀어낸다고 해서 수학적 사고력이 뛰어난 것은 아닙니다. 어려운 문제를 푸는 절차적인 기술만 익힌 것은 수학적 사고력을 지닌 것으로 생각하기 어렵습니다. 수학을 싫어하는데도 올림피아드 대회나 경시대회에서 높은 성적을 내는 학생들이 있습니다. 이런 학생들은 경시대회에 나오는 어려운 문제의 풀이 방법을 통째로 외우는 방식으로 공부했을 확률이 높습니다.

예전에 대학 부설 초등영재교육원에서 강의를 하고 시험문제를 출제한 적이 있습니다. 사고를 요하는 문제들이지만 유명 문제집에 나오지 않는 유형으로 문제를 만들었는데, 아주 뛰어나기로 소문난 학생이 꼴찌를 했습니다. 절차적 기술만 익혀 공부해왔기 때문에 낯선 응용문제를 만나자 실력이 무너진 것이지요. 또 과학고에 근무하던 시절에는 수학올림피아드 전형으로 입학한 학생 몇 명을 상담했는데, 수학 공부가 너무 싫고 수학도 싫다는 말을 들은 적도 있습니

지금 공부하는 게 수학 맞습니까?

다. 수학올림피아드 입상 경력으로 대입을 준비하던 학생들이었기에 이게 무슨 일인가 싶었지요.

## 설명할 수 없다면 의미도 없다

흔히 수학 공부는 문제를 푸는 것으로 인식되어 있습니다. 개념 설명이 제대로 되어 있는 교과서를 이해하는 것은 뒷전이고 문제집만 풀면 수학 공부가 되는 것으로 생각합니다. 어떤 선생님은 문제를 풀면서 개념을 이해할 수 있다고도 합니다. 문제를 푸는 과정에서 정의와 성질 등을 사용하기 때문에 문제를 풀면 자동적으로 개념을 접한다고 생각하는 것이지요. 하지만 개념 자체가 없는 상태에서 어떻게 문제를 풀 수 있을까요?

6학년 태인이는 문제집에 나온 다음 문제를 풀어 답을 구했습니다.

| 〈문제〉 | 〈풀이〉 |
|---|---|
| 건강을 위해서 쌀 87g에 잡곡 213g을 섞어 밥을 지을 때 쌀 174g에 섞어야 할 잡곡은 몇 g인가요? | 쌀 174g에 섞어야 할 잡곡을 □g이라고 하면 $87 : 213 = 174 : □$<br>$87 × □ = 213 × 174 = 37062$<br>그러므로 $□ = 37062 ÷ 87 = 426 (g)$ |

풀이를 보니 정답이었습니다. 풀이 과정도 틀린 곳이 전혀 없었습니다. 태인이에게 어떻게 풀었는지 설명해달라고 했더니, 먼저

비례식을 세운 과정을 설명했습니다. 그리고 비례식의 성질, 즉 비례식에서 외항의 곱과 내항의 곱이 같으므로 87×□=213×174＝37062와 같이 계산했고, 87과 □의 곱이 37062이므로 □를 구하기 위해 37062÷87을 계산했다고 설명했습니다. 저는 비례식에서 외항의 곱과 내항의 곱이 왜 같은지 물었습니다. 태인이는 그냥 책에 나온 공식이라고 답했습니다. 공식, 즉 성질은 2단계 개념인데 왜 그렇게 되는지 모르고 있었던 것입니다. 그래서 태인이의 풀이에는 아주 큰 수가 나왔습니다. 사실 비례식의 뜻을 이용했더라면 213×174＝37062나 37062÷87과 같은 큰 수의 곱셈과 나눗셈은 하지 않아도 될 일이었습니다. 비례식에서 비의 전항과 후항에 0이 아닌 같은 수를 곱하여도 비의 값이 같다는 비의 성질을 이용하면, 87:213＝174:□에서 174가 87의 2배이므로 □는 213의 2배로 손쉽게 구할 수 있습니다. 비례식만 보고 외항의 곱과 내항의 곱을 구한 것이 개념은 빠진 풀이가 되어버린 것이지요.

## 절차적인 학습은 개념을 약화시킨다

직사각형의 넓이를 구하는 공식은 (가로)×(세로)입니다. 이 공식을 외우고 있으면 가로와 세로의 길이가 주어진 모든 직사각형의 넓이를 구할 수 있습니다.

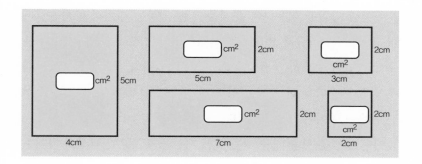

그런데 이런 문제를 100개 정도 풀고 나면 직사각형의 넓이를 구하는 실력이 향상될까요? 이 문제를 풀 때 어떤 활동을 하게 되는지, 그 활동의 성격이 무엇인지 한번 살펴보지요. 첫 번째 직사각형의 넓이를 구하려면 $4 \times 5$를 계산해야 합니다. 그러면 첫 번째 직사각형의 넓이는 20cm²가 됩니다. 그다음은 $5 \times 2$, 나머지도 차례로 $3 \times 2$, $7 \times 2$, $2 \times 2$를 계산하면 넓이를 구할 수 있습니다. 모든 직사각형의 넓이를 구해도 그 계산 과정이 초등학교 2학년의 곱셈구구를 벗어나지 않습니다. 이 과정에서 구구단 계산이 빨라지는 효과가 나타날지는 모르지만 직사각형의 넓이에 있어 가장 핵심적인 개념인 '직사각형의 넓이를 왜 (가로)×(세로)로 구해야 하는지'에 대한 학습은 한 번도 일어나지 않습니다.

또한 직사각형의 넓이를 개념적으로 학습했다 하더라도 개념적인 물음에 답하는 활동을 멈춘 채 넓이를 구하는 곱셈 계산에만 몰두하면 개념이 약화될 것입니다. 문제 100개를 푸는 것보다 넓이에 대한 개념적인 생각을 한 번 더 하는 것이 도움이 됩니다.

이처럼 공식을 이용하여 문제를 푸는 공부는 절차적인 학습입니다. 개념적인 학습과 비교되는 학습 방법이지요. 절차적인 학습은 주로 성인이 주도하는 선행학습에서 일어납니다. 학교에서 아직 배우지 않은 수학을 한 학기 이상 앞서 배우는 선행학습에서는 개념적인 학습이 일어나기 어렵습니다.

어떤 개념을 처음 배울 때는 이전 개념을 끌어오는 과정이 자기주도적으로 일어나야 하는데, 사교육에서 성인이 학습을 주도하는 경우는 개념연결이 자기주도적이지 않기 때문에 새로운 개념에 대한 이해가 충분할 수 없습니다.

## 문제를 많이 푸는 것이 능사가 아니다

많은 부모님이 자녀의 문제 푸는 양을 늘리는 데 급급합니다.

정초의 굳은 약속으로 "올해 수학 문제집을 10권 풀자!" 하고 선언합니다. 한 해 동안 10권의 문제집을 푼다니, 엄청난 결심입니다. 2~3권을 푸는 것도 대단한데 말이지요. 단원평가를 망치면 이런 다짐도 합니다. "다음 단원평가를 대비해서 기출문제 1,000개를 풀어보자!" 한 달에 1,000문제를 풀려면 매일 30문제 이상을 풀어야 합니다. 가능할까요?

쉽지는 않아도 실제로 그렇게 공부해내는 학생들이 있습니다. 그런데 이렇게 하면 정말 성적이 오를까요? 오르는 학생도 있고 오르지 않는 학생도 있습니다. 10명 중 2~3명은 성적을 올릴 수 있습니다. 왜냐하면 수학 시험문제는 기출문제의 수준을 크게 벗어나지 않기 때문입니다. 문제 풀이 방법만 암기해도 성적이 올라갈 가능성이 있는 것이지요.

어쨌든 성적이 올랐으니 수학 실력이 향상된 것 아닐까요? 한 해에 문제집 10권을 풀거나 한 달에 1,000문제를 풀려면 아이가 어떻게 공부해야 할지 상상해봅시다. 한 문제를 공부하는 데 걸리는 시간은 길어봐야 5분을 넘지 않을 것입니다. 어떤 것은 답이 맞는지 틀리는지만 확인하고 넘어가기도 할 것입니다. 틀린 문제가 나오더라도 다시 풀어볼 엄두를 낼 수 없을 것입니다.

그러니 문제를 많이 푼다고 실력이 늘어나는 것이 아닙니다. 문제를 풀어서 얻는 소득은 내가 그 문제를 풀 수 있는지 없는지 확인하는 것밖에 없습니다. 그리고 지금 풀 수 있는 문제는 다음에 풀어도 풀립니다. 그러므로 지금 당장 풀지 않아도 됩니다. 올 한 해 문제집 10권을 풀지 않아도 변하지 않습니다. 1,000문제를 풀지 않는다고 실력이 줄어드는 것이 아닙니다.

## 수능 기출문제집 5권을 풀어도 등급이 오르지 않는 이유

고3 학생에게 3월에 받은 질문입니다. "선생님, 지난 고2 겨울방학 2월부터 고3 첫 달 모의고사까지 한 달 동안 수능 수학 기출문제집을 5권이나 풀었는데 한 등급도 올리지 못했어요. 왜일까요?" 정말 안타까운 사연입니다. "어떻게 공부했는지는 모르지만 원인은 한 달 동안 문제집을 5권이나 풀었다는 데서 찾아볼 수 있을 것 같네요. 그렇게 많은 문제를 짧은 기간에 풀었다고 하니 주마간산走馬看山 격으로 공부했을 것 같은데, 어땠나요?" 제 질문에 학생은 고개를 끄덕였습니다. 그런 식으로 문제를 풀어서는 실력이 향상되지 않고, 등급 또한 올리기가 어렵습니다.

2017학년도 수능 만점자 3명 중 한 학생은 양적인 것에 승부를 걸기보다 질적인 공부 방법을 택했습니다. 문제를 풀 때 답만 맞히는 것이 아니라, 본인이 '답안과 해설'을 쓴다는 생각으로 보기 하나하나까지 다른 사람에게 명쾌하게 설명해낼 수 있어야 다음 문제로 넘어갔습니다. 문제집 한 권을 최소한 대여섯 차례씩 반복하는 것이 예사였으니 풀어본 문제집은 과목당 2~3권을 넘지 않았지요.

위의 고3 학생에게 제가 해준 조언은 5권의 문제집 중 가장 마음에 드는 1권만 남기고, 그 1권을 다섯 번 반복해서 풀어보라는 것이었습니다. 그리고 문제를 풀 때마다 답만 확인하는 데서 그치지 말고 그 문제를 풀 때 사용한 수학 개념이 무엇인지 꼭 되돌아보는 것을 잊지 않도록 부탁했습니다.

6월 수능 모의평가 후 학생에게서 연락이 왔습니다. 3월 모의평가 이후 수능 기출문제집을 1권만 남겨 다섯 번을 풀었고, 드디어 3등급(15%)에 진입했다는 소식이었습니다. 3월에 저를 찾아왔을 때만 해도 이 학생의 수학 등급은 5등급이었습니다. 5권을 한 번씩 풀 때와 1권을 다섯 번씩 풀 때의 차이를 물었더니, 1권을 세 번 정도 풀었을 때 문제의 조건이 서로 연결되는 것이 느껴졌고, 그래서 관련된 문제도 해결할 수 있다는 자신감이 생겼다고 했습니다. 그리고 이미 푼 문제는 이전에 푼 방법과 다른 풀이를 찾으려고 노력했던 경험이 정말 도움이 되었다는 말도 덧붙였습니다.

## 문제를 못 풀면 상처가 생긴다

사람은 누구나 문제를 풀지 못하면 상처를 받습니다. 마음이 아프고 답답하지요. 수학 공부 시간이 부담스러워집니다. 공부하는 학생뿐만 아니라 가르치는 선생님들도 그렇습니다. 저도 학생이 문제를 풀어달라고 하면 일단 겁부터 나고, 답답한 심정이 됩니다. 문제를 풀지 못할 수도 있다는 생각, 학생 앞에서 창피를 당할지도 모른다는 생각 등이 겹치는 것이지요.

이 상처는 수학 공부를 거의 하지 않는 학생보다 수학 공부를 많이 하는 학생에게 나타날 확률이 높습니다. 왜냐하면 수학 공부를 많이 하는 학생일수록 수학 문제를 더 많이 풀 것이고, 그만큼 못 푸는 문제 수도 많을 것이기 때문입니다. 이렇게 생각하면 수학 공부를 아예 하지 않는 학생에게는 상처가 없을지도 모릅니다.

뇌과학자들에 따르면 학생들이 수학 시험을 본다고 상상만 해도 뇌의 통증회로가 활성화된다고 합니다. 실제로 시험을 보는 것도 아닌데 상상만으로 통증이 나타난다고 하니, 수학 문제가 주는 학습 고통은 정말 외면할 수 없는 것입니다. 이것은 수학 공부를 잘하는 학생이나 수학 공부에 자신이 없는 학생이나 똑같습니다.

## 한 번 못 푼 문제는 앞으로도 못 풀 가능성이 있다

요즘 학생들은 수학 공부를 하라고 하면 수학 문제를 풀면 되는 것으로 생각합니다. '수학 공부=문제 풀이'라는 공식을 가지고 있지요. 그런데 개념에 대한 이해가 부족한 상태로 수학 문제를 푼다면 못 풀 가능성이 클 것입니다. 이때 취하는 행동은 대부분 뒤에 있는 풀이집을 보는 것입니다. 문제를 스스로 해결하려고 도전을 거듭하는 학생은 보기 드뭅니다. 해답을 보고 문제 풀이 방법을 알아차린 학생은 그 문제를 푸는 것이 아무것도 아닌 것처럼 착각합니다. 그리고 그 문제를 자기가 처음부터 풀 수 있었던 것처럼 여기고 다시 세심하게 공부하지 않습니다. 그 문제를 왜 못 풀었는지 되돌아보지 않지요. 이게 절차적인 공부의 문제점이자 한계입니다.

정리하면, 개념적인 이해가 부족한 상태에서는 어떤 문제를 풀지 못했을 때 해답을 보고 절차적으로 학습하게 됩니다. 그러고 나면 자기가 그 문제를 풀 수 있다고 착각하기 때문에 그 문제에 얽힌 개념을 다시 철저하게 학습하는 것을 거부하고 다른 사람의 설명이나 조언도 들으려 하지 않습니다.

그런데 한두 달이나 한 학기 정도 지나서 다시 그 문제를 풀려고 하면 희한하게도 절대 풀리지 않습니다. 그리고 전과 같이 해답을 보면서 또 풀 수 있다고 착각하지요. 이때라도 과거에 공부한 절차적인 방식에 문제가 있다는 것을 깨닫고 개념적인 학습을 제대로 한다면 그 문제를 풀어낼 실력을 갖출 수 있을 텐데, 시간과 노력을 들여 개념적인 학습을 하고자 하는 학생은 많지 않습니다.

한 번 못 푼 문제는 이미 절차적인 학습이 일어났기 때문에 앞으로도 못 풀 가능성이 있습니다. 따라서 문제를 푸는 것에 대한 근본적인 생각을 바꾸어야 합니다. 문제는 많이 풀수록 좋은 것이 아니라 개념적인 준비가 된 상태에서 제대로 풀어야 합니다.

문제를 풀기 전에 반드시 개념적인 이해가 충분해야 합니다. 문제를 아무리 풀고 싶더라도 개념적인 이해가 먼저라는 생각을 절대 포기하면 안 됩니다. 초등학교 선생님들이 요즘 학생들을 걱정하면서 전해준 말씀은 "우리 반 아이들은 문제를 풀려고만 하지 개념이나 원리를 설명하면 듣지를 않는다"는 것입니다. "수학 교과서를 펼치면 문제부터 푼다"고도 합니다. 잘못된 공부 문화를 바꾸려는 노력이 필요합니다. 지금부터 시작해도 늦지 않습니다.


## 본격적인 공부는 문제를 푼 후부터 시작된다

수능 만점자의 사례에서 봤듯이 문제를 풀었다고 공부가 끝난 것이 아닙니다. 문제를 풀어 답을 맞혔는지 확인하고 나면 이제 그때부터 본격적인 수학 공부가 시작됩니다. 한국 학생들은 문제 풀이에 강해서 어떤 문제든 절차적으로 풀어냅니다. 하지만 절차적인 공부는 수학 실력 향상에 도움이 되지 않습니다. 그냥 답을 맞히고 진도를 나가는 재미, 문제집 할당량을 끝냈다는 기분 외에 건설적인 의미가 없습니다. 문제를 푸는 목적은 수학 실력을 쌓기 위함인데, 문제를 풀어 답을 맞히는 것에서 끝나면 수학 실력이 하나도 늘지 않습니다.

 수학 실력은 답을 맞히고 난 이후의 과정을 통해 향상됩니다. 따라서 문제 풀이 후에 그 문제를 푸는 데 사용한 수학 개념이 무엇인지 되돌아봐야 합니다. 그리고 수학 개념의 정의와 성질(공식, 법칙 등)을 구분해서 정리해야 합니다. 그런데 이런 정리는 혼자서 하기 어렵습니다. 누군가 옆에서 질문을 해줘야 합니다. '선생님 놀이'가 필요한 것입니다. 문제 풀이 과정을 설명하는 중간에 설명을 듣는 사람이 절차적으로 문제 푸는 과정을 통제하면서 왜 그렇게 풀었는 지 질문해주면, 설명하는 학생은 답변하는 과정에서 그 문제에 얽힌 수학 개념을 설명할 수밖에 없습니다. 그리고 문제를 풀 때는 전혀 의식하지 않았던 개념에 대한 회상이 설명을 할 때 비로소 일어나지 요. 이러한 것이 개념적인 문제 풀이입니다.

## 초등 심화문제집을 푼 경험은 중·고등학교 수학 공부에 쓸모가 없다

상우는 초등학교 5학년 때 심화사고력 학원에 다니기 시작했습니다. 일주일에 세 번씩 심화사고력 문제집을 풀었지요. 이때부터 학원에 서 내주는 엄청난 숙제를 하느라 학교 수업은 뒷전이었습니다. 하지 만 심화사고력 문제집을 풀면 수학 사고력이 발전하고 중학생이 되 었을 때 어려운 공부를 보다 쉽게 해결할 수 있다는 학원 원장님 말 에 따라서 한 번도 빠지지 않고 출석했습니다. 심화사고력 문제 중 에는 교과서에 있는 내용보다 훨씬 많은 것을 알아야 해결할 수 있 는 것도 있었는데, 그때는 풀이 방법을 외워서 해결했습니다. 상우 는 중학교에 입학한 첫 시간에 소인수분해를 배웠습니다. 약수와 배수가 연결되는 것 같았는데 약수가 뭔지 배수가 뭔지 도통 기억나지 않았습니다. 수업에 집중할 수 없었고, 결국 다시 공부방 선생님의 도움을 받게 되었습니다. 그동안 많은 시간을 쏟았던 심화사고력 문제는 소인수분해를 공부하는 데 아무런 도움이 되지 않았고, 오히려 심화사고력 문제집을 푸는 동안 소홀히 했던 초등수학 교과서 내용을 제대로 알지 못해 힘들었습니다. 그리고 중학교 1학년 1학기를 마칠 즈음 상우는 자기에게 초등수학 개념이 하나도 없다는 사실을 깨달았습니다. 그렇지만 이미 학교 수업을 소홀히 하고 학원에 의존하는 습관이 들어 이를 고치는 것이 쉽지 않았습니다. 날마다 스트레스가 쌓여갔지요.

많은 초등학생이 심화문제집을 꼭 풀어야 하는지 물어옵니다. 반대로 학생들에게 물었습니다. "비율이 뭘까? 비율에 대해서 아는 것을 다 말해볼까?" 이때 비율의 뜻과 비의 성질, 비례식의 성질을 정확하게 설명하는 학생은 보기 힘들었습니다.

개념에 대한 이해가 제일 중요하다고 하면서 개념에 대한 이해 없이 심화문제집을 푸는 것이 현실입니다. 그러나 심화문제집을 풀면서도 개념이 부족하다는 것은 심각한 문제입니다. 초등 심화문제집에서 원하는 문제 풀이 기술이 있는데, 그것은 교과서에서 배우는 것이 아닌 것이 많고 이후 중학교 수학에 연결되는 것도 아닙니다. 오직 초등에서 그 문제를 푸는 데만 필요한 기술이지요. 마찬가지로

지금 공부하는 게 수학 맞습니까?

중학교 수학에도 어려운 문제집이 있는데, 그 안에 나오는 문제 역시 풀이 기술이 교과서와 무관한 것이 많습니다. 당연히 고등학교 수학 공부에 별 소용이 없습니다.

초등학교에서 약수와 배수를 배웠다면 중학교에서 소인수분해를 배울 때 약수와 배수의 개념을 정확히 기억하고 설명할 줄 알아야 하는데, 실제로는 많은 학생이 기억조차 하지 못합니다. 중학교 선생님들은 초등학교에서 문제를 풀어 답을 맞힌 성적을 원하는 것이 아니라 초등학교 수학 개념에 대한 철저한 이해를 원합니다. 그래야 중학교 수학 수업을 소화할 수 있기 때문입니다.

## 영어 공부에 영어사전이 필요하듯이 수학 문제 풀이에도 수학사전이 필요하다

언젠가 영어 수업을 컨설팅한 적이 있습니다. 수업 중간에 학생들이 모르는 단어 등을 찾을 수 있도록 교탁 옆 공간에 영어사전이 비치되어 있었는데, 학생들이 어떤 문장을 스스로 해석하고 문제를 해결하기 위해 수시로 영어사전을 가져다가 참고했습니다. 영어 단어의 뜻을 몰라 선생님에게 물어보는 학생이 없었습니다. 그때의 경험으로 유아부터 고등까지 '개념연결 수학사전' 시리즈를 완성했습니다.

문제에 주어진 조건 안에는 반드시 수학 개념이 있습니다. 조건에 나오는 수학 개념을 정확히 모르면 문제를 풀 수 없습니다. 그래서 친구나 선생님에게 묻지요. 약수가 무엇인지, 비율이 무엇인지? 그런데 혼자서 공부할 때는 이런 질문을 받아줄 대상이 없습니다. 있더라도 영어 공부 때와 마찬가지로 수학사전이 있다면 일차적으로 다른 사람에게 질문할 것 없이 직접 수학사전을 찾아 개념적인 설명을 읽고 문제를 해결할 수 있습니다. 스스로 사전을 읽고 개념을 이해했다면 그 이해는 자기 것이 됩니다. 그런 의미에서 수학사전은 수학 문제 풀이에도 필수적입니다. 수학사전을 옆에 놓고 자주 찾아보면 그때마다 복습이 되는 효과도 있습니다. 초등학생은『개념연결 초등수학사전』으로 충분합니다. 중학생이 되면『개념연결 중학수학사전』외에『개념연결 초등수학사전』도 필요합니다. 마찬가지로 고등학생이 되면 전 과정이 모두 필요할 것입니다.

# 방학 중 복습과 예습은 어떻게 할까?

## 방학 중 복습하기

학기 중에 복습과 예습의 비는 3 : 1 정도가 적당합니다. 3 : 1은 시간을 뜻하는데, 예습을 1시간 하려면 먼저 복습을 3시간 한다는 의미입니다. 그만큼 복습이 중요합니다. 수학에서 기초가 중요하다는 말은 거듭 강조해도 지나치지 않습니다.

방학 중 복습과 예습의 비는 1 : 1 정도가 적당하지만, 지난 학기 학습이 충분하면 예습 위주로 공부하고, 지난 학기 학습이 많이 부족하면 복습 위주로 공부해야 합니다.

우선 지난 학기에 배운 교과서 내용의 학습 주제로 1차 목록을 작성합니다. 교과서를 덮은 상태에서 목록만 보고 그 주제에 관해 학습한 내용(뜻과 성질)을 떠올려 노트에 기록합니다. 자신이 기록한 내용과 교과서의 실제 내용을 비교해서 부족한 주제만 다시 추리는 방법으로 2차 목록을 작성합니다. 며칠 동안 부족한 부분을 충분히 공부한 다음, 2차 목록에 적힌 주제에 관해 학습한 내용을 노트에 기록합니다. 교과서와 비교하여 부족함이 없을 때까지 비교하고 다시 쓰는 작업을 계속합니다. 드디어 부족한 것이 없으면 복습이 완성됩니다.

실제 5학년 1학기를 마친 여름방학에 복습하는 상황을 한번 살펴보겠습니다.

다음은 교과서를 보고 만든 1차 목록입니다.

---

**1단원 자연수의 혼합 계산**
덧셈과 뺄셈이 섞여 있는 식의 계산
곱셈과 나눗셈이 섞여 있는 식의 계산
덧셈, 뺄셈, 곱셈, 나눗셈이 섞여 있는
　식의 계산

**2단원 약수와 배수**
약수와 배수 찾기
곱을 이용하여 약수와 배수의 관계 알아보기
공약수와 최대공약수
최대공약수 구하는 방법
공배수와 최소공배수
최소공배수 구하는 방법

**3단원 규칙과 대응**
두 양 사이의 관계
대응 관계를 식으로 나타내는 방법
생활 속에서 대응 관계 찾기

**4단원 약분과 통분**
크기가 같은 분수
분수를 간단히 나타내기
통분
분수의 크기 비교
분수와 소수의 크기 비교

---

| 5단원 분수의 덧셈과 뺄셈 | 6단원 다각형의 둘레와 넓이 |
|---|---|
| 분수의 덧셈<br>분수의 뺄셈 | 정다각형의 둘레<br>사각형의 둘레<br>$1cm^2$와 $1cm^2$보다 더 큰 넓이의 단위<br>직사각형의 넓이<br>평행사변형의 넓이<br>삼각형의 넓이<br>마름모/사다리꼴의 넓이 |

이 목록에 대하여 노트에 정리한 것을 교과서와 비교하고 부족한 주제만 남겨 작성한 2차 목록입니다.

| 1단원 자연수의 혼합 계산 | 4단원 약분과 통분 |
|---|---|
| 덧셈, 뺄셈, 곱셈, 나눗셈이 섞여 있는 식의<br>계산 | 크기가 같은 분수<br>통분<br>분수와 소수의 크기 비교 |
| 2단원 약수와 배수 | 5단원 분수의 덧셈과 뺄셈 |
| 공배수와 최소공배수<br>최소공배수 구하는 방법 | 분수의 덧셈 |
| 3단원 규칙과 대응 | 6단원 다각형의 둘레와 넓이 |
| 생활 속에서 대응 관계 찾기 | 마름모/사다리꼴의 넓이 |

학습 주제에 관해 개념적인 정리가 다 되었으면 시간이 허락하는 범위에서 교과서에 있는 문제를 풀어봅니다. 초등은 수학 익힘책까지 풀면 충분합니다. 문제집까지 별도로 풀 필요는 없습니다. 시간이 부족하다면 문제를 풀지 않아도 되지요. 문제 푸는 목적은 답을 구할 수 있는지 확인하기 위해서가 아니라 정리된 개념을 적용해보기 위해서입니다. 정리된 개념을 문제 풀이에 적용하면 개념 이해가

더욱 강화될 수 있습니다.

## 방학 중 예습하기

복습이 끝났으면 이제 예습을 시작합니다. 복습과 예습을 같이 진행하는 것은 집중력이 떨어지므로 효과적이지 않습니다. 먼저, 새 학기 교과서를 스스로 읽어가면서 이해해봅니다. 남의 도움을 받고 싶더라도 우선 교과서를 천천히 읽으면서 각각의 내용에 대한 본인의 생각을 정리해봅니다. 메타인지적으로 자기가 아는 것과 모르는 것을 정확히 구분한 후에는 방학 기간 안에 인터넷 강의 등 타인의 도움을 잠시 받을 수 있습니다.

초등학교 5학년 2학기 예습을 한번 살펴보겠습니다.

2학기는 수의 범위와 어림하기를 배우는 것으로 시작됩니다.

수학 교과서 또는 수학 익힘책을 보면, 새로운 단원에 필요한 과거 개념을 먼저 확인해보도록 되어 있습니다. '길이 재기'에는 '약 3cm'와 같이 어림하기, 그릇에 가장 많은 물을 넣을 수 있는 들이 개념, 물건의 길이를 어림해보고 자로 길이를 재어 비교하기 등에 관한 문제들이 나오는데, 이를 반드시 풀어보고 다 알고 있는지 확인해야 합니다.

이제 본문으로 들어가면 이상과 이하, 초과와 미만 등의 용어가 나옵니다. 이런 용어들은 일상에서 사용한 경험이 있으므로 교과서를 한 줄, 한 줄 읽으면서 정확한 사용 방법을 익혀봅니다. 이 용어들이 들어간 수의 범위를 활용하는 문제도 해결이 가능할 것입니다. 이어서 올림과 버림, 반올림 등 새로운 개념이 나오는데, 이 부분은 학생에 따라서 이해할 수도 있고, 이해하지 못할 수도 있습니다. 교과서의 설명을 천천히 여러 번 읽어봅니다. 이 정도 공부하면 첫 단원에 대한 예습이 끝납니다. 아직 학교에서 배우지 않은 내용이지만 교과서를 정독하는 것만으로도 내용을 충분히 또는 어느 정도 이해할 수 있습니다.

만일 예습에서 이해한 것이 있다면 그 부분에 대해서 '선생님 놀이'를 하는 것이 효과적입니다. 예습한 내용을 다른 사람(부모님 또는 친구, 동생 등)에게 설명하는 기회를 가져보는 것이지요. 설명하다가 걸리는 부분은 다시 공부하고, 다시 공부한 내용을 설명하는 것은 하루 정도 지난 후에 합니다. 공부한 직후 설명하면 머릿속에 기억이 남아 있기 때문에 완벽하게 이해한 것으로 보기 어렵습니다.

예습에서 이전 개념과 잘 연결되어 이해까지 도달한 부분이 있다면, 이에 대해서는 교과서 본문에 있는 문제를 풀어볼 수 있습니다. 그 이상의 연습문제나 익힘책까지 푸는 것은 시도하지 않아도 됩니다. 새 학기가 시작되면 방학 중 예습은 다시 학기 중 예습으로 연결됩니다.

예습이나 복습 모두 교과서를 소재로 삼아야 합니다. 수학 공부를 한다는 것은 결국 개념을 익히는 것인데, 개념 설명은 교과서보다 정확한 것이 없습니다. 교과서 외의 문제집은 개념 설명이 없거나 개념이 너무 장황한 스토리와 함께 설명되어 있어 핵심 개념이 무엇인지 분명하지 않습니다. 따라서 예습, 복습은 문제집보다 교과서가 더 효과적입니다. 수학을 좋아하지 않는 학생들 중에 문제 푸는 것만은 좋아하는 경우가 있는데, 예습이든 복습이든 문제 풀이보다 개념적인 이해에 집중해야 합니다. 문제 풀이는 개념의 힘이 아니라 문제를 푸는 기교나 공식만으로도 가능하기 때문에 문제를 풀면 마치 개념을 이해한 것으로 착각할 수 있습니다.

# 중·고등학교 수학도
# 초등학교 수학에 달렸다

## 최소한의 개념으로 최대한의 연결 하기

자기주도학습을 시작했다가도 어느 순간 무너지는 학생이 많습니다. 개념적인 공부가 약해지고, 절차적인 공부 습관에 강하게 물든 것입니다. 남의 도움을 받지 않고 혼자 공부한다고 해도 자기주도학습이 성공적으로 지속된다는 보장은 없습니다. 자기주도학습이 지속되려면 그 공부 방법이 개념적이어야 합니다. 개념적이지 않고 절차적인 방법으로 문제 풀이에 집중하면 하루에 아무리 많은 양의 문제를 푼다고 해도 곧 한계에 부딪히고 막히는 부분이 늘어날 것입니다. 개념적인 이해가 부족하기 때문에 풀 수 있는 문제가 점점 줄어들지요. 혼자서 자기주도학습을 지속하려면 그만큼 개념이해능력이 뒷받침되어야 합니다. 개념적인 이해의 양이 늘면 자기주도능력도 향상됩니다.

　수학 개념 중 핵심 개념은 최소한으로 만들어야 합니다. 그리고 이 핵심 개념에서 유도되는 연결 개념을 많이 만들수록 효과적입니다. '하나를 가르치면 열을 안다'는 속담이 있지요. 개념적인 학습과 어울리는 말입니다. 반면에 '하나만 알고 둘은 모른다'는 속담도 있지요. 이것은 절차적인 학습에 견줄 수 있는 말입니다.

　수로 말하면 자연수 1이 시작 개념입니다. 다른 수는 모두 1로부터 만들어집니다. 1과 사칙연산만 있으면 어떤 수라도 만들 수 있습니다. 모든 수를 만드는 핵심 개념은 1 하나뿐입니다. 1과 사칙연산을 이용하여 모든 자연수를 만들 수 있고, 분수와 소수도 생겨납니다. 중학교에 가면 음수를 만들고 유리수와 무리수도 만듭니다. 고등학교에서는 허수를 만들어 복소수를 완성합니다.

　측정에서는 1cm만 있으면 모든 길이를 잴 수 있습니다. 1cm를 단위길이라고 하지요. 각의 크기는 직각 개념에서 시작하여 $1°$를 만들고 이것으로 모든 각도를 잴 수 있습니다. 삼각형의 세 각의 크기의 합이 $180°$라는 것만 정하면 모든 다각형의 내각의 크기의 합을 구하는 일반적인 공식도 만들어집니다.

　최소한의 개념으로 최대한의 연결을 하면 하나로 10개, 20개를 만들 수 있습니다. 이해해야 하는 것은 최소한의 개념이고 나머지는 다 연결을 통해 파생됩니다. 이것이 수학 개념의 효율성입니다.

　중학교에 가면 수학에 새롭고 생소한 개념이 많이 나온다고 해서 수학을 점점 어려워하는 학생들이 있습니다. 그렇지만 새로 나온 개념을 이미 알고 있는 개념에 비추어 비슷한 점을 발견하게 되면 더이상 생소하지 않을 것입니다. 중학교 수학에 순수하게 새로 나오는 것은 몇 가지 되지 않습니다. 따라서 초등학교 수학 개념에 대한 이해를 튼튼하게 다지지 않은 상태에서 문제만 많이 푸는 것은 자칫 공부하는 고통만 가중시킬 가능성이 있습니다. 수학을 좋아하는 학생들은 공통적으로 "수학은 외울 것이 없어서 좋다"고 말하는데, 반대로 수학을 어려워하는 학생은 "수학은 공부할 것이 너무 많아서 싫다"고 합니다. 이는 공부하는 방법의 차이 때문입니다.

이제 초·중·고의 수학 개념이 어떻게 연결되어 있는지 몇 가지 예시를 살펴보겠습니다.

## 합이 10을 넘는 계산은 초등학교 1학년에게 큰 고비다

유치원 시절 스무 개가량의 물건의 개수를 세다 보면 어느새 숫자 1, 2, 3, ……을 세게 됩니다. 교육과정으로는 초등학교 1학년 때 숫자를 쓰는 것을 처음 배웁니다. '+'를 사용하는 덧셈 등 연산의 시작도 초1입니다. 이 시기에 가장 힘든 것은 인형과 같은 구체물을 세다가 이 둘을 합한 개수를 덧셈이라는 연산으로 표현하는 것입니다. '2+3=5'라는 추상적인 기호가 '하나, 둘'에 이어서 '셋, 넷, 다섯'

으로 세던 것을 대신한다는 사실을 받아들이는 것이 힘들 수 있습니다. 하지만 초1에게는 꼭 넘어야 할 산이기도 합니다. 다음은 초등학교 1-1 국정교과서에 실린 그림입니다.

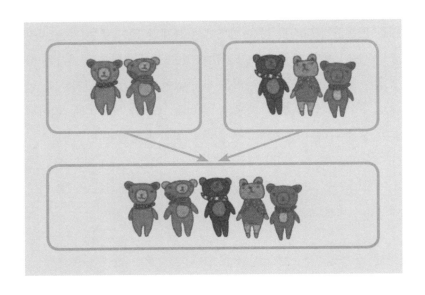

이렇게 한 자리 수 연산이 시작되면 이제 '7+8=15'와 같이 한 자리 수의 합이 10을 넘어가는 덧셈을 배우게 됩니다. 아이들은 여기서 받아올림이라는 고비에 처합니다. 부모님들에게 이런 계산은 우습게 보이겠지만, 아이들은 합이 10을 넘어가는 연산을 최초로 경험하면서 무너질 수도 있습니다. 그래서 이 고비를 무사히 넘길 수 있도록 여러 징검다리를 놓아줍니다.

지금 공부하는 게 수학 맞습니까?

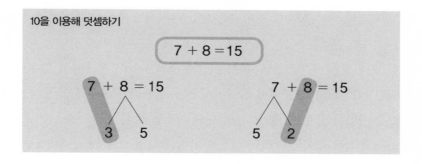

10을 이용해 덧셈하기

$7 + 8 = 15$

$7 + 8 = 15$
3  5

$7 + 8 = 15$
5  2

받아올림을 하기 위해서는 10을 이용해야 합니다. 답답하겠지만 그림과 같이 8을 3과 5로 가르기한 다음, 7에 3을 먼저 더해서 10을 만들고 여기에 남은 5를 더하거나, 7을 5와 2로 가르기한 다음, 8에 2를 먼저 더해서 10을 만들고 여기에 남은 5를 더하는 방법을 사용합니다. 기억이 안 나겠지만 우리 어른들도 모두 이러한 과정을 거쳤답니다. 받아올림이라는 개념을 이해하기 위해서 6개월이 넘는 기간 동안 여러 개념을 거친 것이지요. 그런데 그 세월을 한순간에 뛰어넘으려는 것이 무작정 암기하는 연산 훈련입니다.

## 구구단은 하늘에서 떨어진 것이 아니다

사람은 수를 하나, 둘, 셋, ……과 같이 낱개로 세다가 어느 순간 둘, 넷, 여섯, ……과 같이 묶어서 세기 시작합니다. 묶어서 세는 이유는 가급적 세는 횟수를 줄이기 위해서입니다. 실제로 30~40개를 하나씩 세다 보면 20개를 넘어가는 순간부터 세는 속도가 더뎌지거나 1~2개를 건너뛰는 등 집중력이 흐트러지는 경험을 하게 됩니다. 너무 오래 센 탓이지요. 30~40개를 만약 셋씩 묶어서 셌다면 열 번 내외만 세면 되니, 집중력이 떨어지지 않은 상태에서 무사히 셀 수 있었을 것입니다. 묶어 세기는 구구단의 시작입니다.

이제 묶어 세기가 배의 개념으로 바뀝니다. 셋씩 8묶음을 3의 8배라고 합니다. 이렇게 □씩 △묶음을 □의 △배라고 표현하는 문법을 익힙니다. 즉, 27개씩 35묶음은 27의 35배입니다.

그런 다음, 배의 개념이 곱셈으로 변합니다. 3의 8배는 3×8, 27의 35배는 27×35로 쓰지요. 이렇게 곱셈이 생긴 것입니다.

구구단은 9 이하의 수의 곱셈을 말합니다. 그러니까 하나씩 세다가 묶어서 세고, 배의 개념을 갖게 된 다음, 곱셈이 생기고 구구단이 생긴 것입니다. 이 과정은 1년여가 걸립니다.

이런 구구단을 유치원생이 외운다는 얘기를 들었습니다. 혹시라도 자녀가 유치원 시절에 벌써 구구단을 외웠다면 지금이라도 곱셈 개념이 잘 잡혀 있는지 확인해보기 바랍니다.

제가 만난 어떤 초등학교 3학년 학생은 사립유치원 출신으로, 구구단은 벌써 유치원에서 끝낸 상태였습니다. 그런데 이 아이가 초등학교 3학년이 되어 세 자리 수의 덧셈과 뺄셈을 배우고 첫 단원평가에서 55점을 받았습니다. 덧셈에서는 단 한 문제만 틀렸지만 뺄셈 문제는 단 2개만 맞아 55점이었습니다. 세 자리 수의 뺄셈은 세 자리 수의 덧셈과 두 자리 수의 뺄셈을 연결하면 따로 배우지 않아도 해결할 수 있는 정도의 연산입니다. 구구단보다 쉽습니다. 이 학생은 구구단은 벌써 외웠지만 개념학습은 전혀 하지 못한 것이지요.

## 적분의 시작은 초등의 넓이 개념이다

고등학교에서 배우는 적분積分은 넓이를 계산하는 강력한 힘을 가지고 있습니다. 곡선이 있거나 불규칙한 모양도 넓이를 구할 수 있지요.

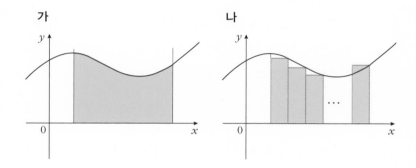

그림 **가**와 같이 곡선으로 둘러싸인 부분의 넓이를 구하는 방법은 초등학교나 중학교에서 배우지 않습니다. 이런 넓이를 구하는 방법이 적분이라고 생각할 수 있습니다. 그런데 그림 **나**를 보니 눈에 띄는 도형이 있습니다. 바로 직사각형입니다. 곡선으로 둘러싸인 부분을 직사각형으로 잘게 자르는 그림을 보고 초등 5학년 때 배우는 직사각형의 넓이 구하는 공식을 떠올릴 수 있으면, 적분이 아주 어려운 개념이라는 두려움에서 벗어나 직사각형의 넓이를 이용하여 문제를 해결할 수 있다는 자신감을 가질 수 있습니다. 초등 단계에서부터 개념을 착실히 연결해나가면 고등 단계의 수학을 공부할 때 그 힘을 제대로 느낄 수 있는 것이지요.

넓이라는 개념은 도형이 차지하고 있는 자리의 크기입니다. 그런데 어쩌다가 직사각형의 넓이를 구할 때 가로와 세로의 길이를 곱하게 되었을까요? 그 이유는 초등 5학년 교과서를 차례차례 경험해서 스스로 깨우쳐야 합니다. 잘못 공부하게 되면 넓이 구하는 공식 (가로)×(세로)만 알고 넓이 개념은 익히지 못할 가능성이 있습니다. 실제로 주변의 성인들에게 넓이 개념을 물어봤을 때, (가로)×(세로)로 구하게 된 내력을 기억하는 사람이 거의 없었습니다.

넓이 개념은 다른 개념에서 연결된 것이 아니므로 넓이 자체의 시작점이 필요합니다. 초등에서 가로와 세로의 길이가 각각 1cm인 정사각형의 넓이를 1cm²로 정한 것이 넓이의 시작점입니다. 이것은 수로 말하면 '하나'를 자연수 1로 정한 것과 마찬가지입니다.

도형의 넓이를 나타낼 때는 한 변의 길이가 1cm인 정사각형의 넓이를 넓이의 단위로 사용합니다. 이 정사각형의 넓이를 1cm²라 쓰고 1 제곱센티미터라고 읽습니다.

넓이의 단위(또는 단위넓이)로 1cm²가 정해지면, 어떤 도형의 넓이는 그 도형 안에 들어가는 단위넓이 1cm²의 개수를 세어 구할 수 있습니다. 그림의 직사각형 안에 들어가는 단위넓이 1cm²의 개수가 곧 직사각형의 넓이입니다.

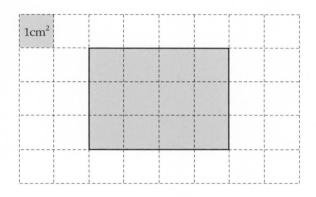

하나씩 세면 12개이므로 직사각형의 넓이는 12cm²입니다. 그런데 직사각형은 가로와 세로가 일정하므로 한 줄씩 셀 수 있습니다. 4개씩 3줄이므로 4, 8, 12로 뛰어 셀 수 있지요. 이것은 4의 3배와 같고, 곱셈으로는 4×3이므로 여기서 (가로)×(세로)와 같은 곱셈으로 직사각형의 넓이를 구하는 공식이 만들어집니다. 이로써 도형의 넓이에 구구단이 사용되는 사례가 발생하게 됩니다. 어릴 때 힘들게 외우는 구구단이 도형의 넓이를 구하는 공식에 사용되다니! 모든 수학은 이렇게 연결되어 있습니다.

## 직사각형의 넓이부터 구하는 데는 이유가 있다

수학 개념의 시작점이 되는 개념은 이후의 다른 개념과 강한 연결성을 가져야 효율적입니다. 넓이 개념을 시작하는 데 하고많은 도형 중 직사각형이 선택된 이유는 무엇일까요? 사각형보다 삼각형이 더 간단한 도형인데 왜 삼각형의 넓이를 먼저 구하지 않을까요? 이런 호기심은 개념적인 공부에 도움이 됩니다. 도형의 각의 크기를 구할 때는 삼각형을 먼저 구하고, 사각형은 삼각형과 연결하여 구하지요. 도형의 넓이를 구할 때는 왜 직사각형을 먼저 구할까요?

넓이를 구할 때 삼각형을 먼저 구할 수 없는 것은 삼각형의 모양이 뾰족해서 일정하게 자를 수 있는 부분을 찾아내기가 어렵기 때문입니다. 정삼각형, 이등변삼각형, 직각삼각형, 직각이등변삼각형 등 비교적 규칙을 가진 삼각형도 다 뾰족한 부분을 가지고 있어서 일정하게 자르기가 어렵습니다. 그런데 직사각형은 가로와 세로가 반듯하기 때문에 규칙적으로 자르기 쉽다는 장점이 있습니다. 그래서 넓이를 구하는 첫 공식을 만드는 도구로 직사각형이 선택되었습니다.

직사각형의 넓이를 구하는 공식이 만들어졌으면 이후의 모든 도형은 직사각형으로 변신시켜 넓이를 구하면 됩니다. 그 첫 대상은 평행사변형입니다. 평행사변형은 마주 보는 두 쌍의 변(대변對邊)이 서로 평행한 사각형입니다. 그런데 평행사변형은 두 쌍의 대변의 길이가 서로 같다는 성질이 있습니다. 그러므로 평행사변형을 바로 세우면 직사각형이 됩니다. 이때 가장 쉬운 방법으로 기울어진 부분을 떼어 옮기면 직사각형과 같은 방법으로 넓이를 구할 수 있게 됩니다.

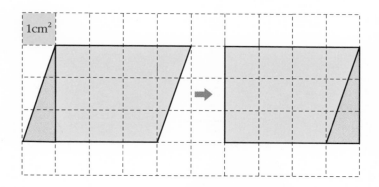

평행사변형에서 밑변의 길이는 직사각형의 가로의 길이와 같고, 높이는 세로의 길이와 같으므로 직사각형의 넓이를 구하는 공식 (가로)×(세로)는 (밑변)×(높이)로 변신하여 평행사변형의 넓이를 구하는 공식이 됩니다.

그러므로 평행사변형의 넓이는 직접 구하는 방식보다 이렇게 이미 넓이를 구할 줄 아는 직사각형의 넓이를 구하는 공식을 배경지식으로 연결하여 구하는 것이 간편합니다. 개념적인 학습의 강한 연결성이 보이지요.

이제 그다음 연결이 궁금할 것입니다. 직사각형 → 평행사변형으로 연결되는 넓이 개념의 다음은 삼각형입니다. 삼각형은 어떤 모양이라도 똑같은 삼각형 하나를 더 만들어 뒤집어 붙이면 평행사변형으로 변신합니다. 평행사변형의 넓이를 구하는 공식을 이용하겠다는 의도를 읽을 수 있다면 여러분은 이미 개념연결의 효과를 체감하고 있는 것입니다.

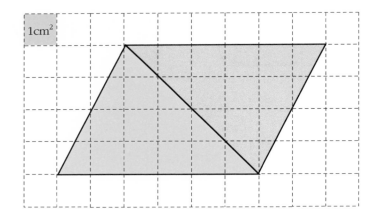

이쯤 되면 왜 삼각형의 넓이를 구하는 공식이 (밑변)×(높이)÷2인지 짐작이 갈 것입니다. 넓이를 구하는 공식을 만드는 순서는 정말 논리적이고 철저하게 연결되어 있습니다. 어디 하나 군살 없이 깔끔하지요. 앞으로도 수학이 얼마나 대단한지, 얼마나 기막힌 연결성을 가지고 있는지 느끼게 될 것입니다.

지금 공부하는 게 수학 맞습니까?

## 삼각형의 넓이 공식에 나눗셈이 등장하는 까닭

삼각형을 2개 붙여서 평행사변형을 만들었으므로 삼각형 한 개의 넓이를 구하려고 ÷2를 한 것으로 생각할 수 있습니다. 그런데 둘로 나누는 상황을 항상 ÷2라고 표현하는 것은 아닙니다. 나눗셈 개념은 초3에 처음 나오는데, 나눗셈의 정의를 보면 여기에는 전체를 똑같이 나눈다는 개념이 포함되어 있습니다.

> **개념 정리  똑같이 나누기**
>
> 배 8개를 바구니 4개에 똑같이 나누어 담으면 한 바구니에 2개씩 담을 수 있습니다.
>
> $$8 \div 4 = 2$$

그러므로 삼각형의 넓이에서 ÷2는 그냥 둘로 나눈 것이 아니라 나누어진 두 삼각형의 넓이가 '똑같다'는 사실을 나타냅니다. 수학에서 사용하는 여러 기호나 연산은 아주 정확한 뜻을 지닙니다. 이 부분에 민감해야 복잡한 개념을 익힐 때 어려움을 극복할 수 있습니다.


## 둥그런 모양의 원의 넓이는 어떻게 구할까

원의 넓이를 직접 구하는 방법은 없습니다. 그럴 필요도 없지요. 원을 어떻게든 변형하여 넓이를 구할 수 있는 도형으로 바꾸면 됩니

다. 원을 잘게 쪼개서 부채꼴을 위아래로 겹쳐 붙이면 사각형 모양
이 됩니다. 나아가 아주 잘게 쪼개면 드디어 직사각형이 됩니다.

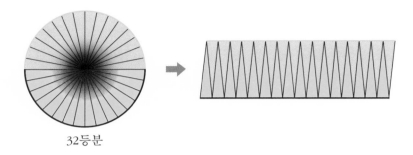

32등분

원을 32등분만 해도 거의 직사각형에 가까운 모양이 되므로 이것
을 64등분, 128등분, …… 이렇게 아주 많이 쪼개면 결국 직사각형
이 될 것입니다. 이때 직사각형의 가로의 길이는 원주의 반, 세로의
길이는 원의 반지름의 길이와 같습니다. 이제 원의 넓이는 직사각형
의 넓이를 구하는 공식을 연결하여 구할 수 있습니다.

$$(원의 넓이) = (원주) \times \frac{1}{2} \times (반지름)$$
$$= (원주율) \times (지름) \times \frac{1}{2} \times (반지름)$$
$$= (원주율) \times (반지름) \times (반지름)$$

정확하게 원의 넓이를 구하는 공식이 유도됩니다.

이렇게 초등학교에서 배우는 단위넓이로부터 시작된 넓이의 개념
은 직사각형의 넓이를 만들어내고, 직사각형의 넓이는 이후 모든 도
형, 심지어는 원의 넓이까지 만드는 근원이 됩니다. 그리고 결국 고

지금 공부하는 게 수학 맞습니까?

등학교 적분으로까지 연결되는 것을 알 수 있습니다.

## 부피를 구하는 적분도 초등수학에서 시작된다

중학교에서 부피를 구하는 입체도형은 각기둥과 각뿔, 원기둥과 원뿔까지입니다. 각기둥이나 원기둥과 같이 폭이 일정한 입체도형의 부피는 초등학교에서 배우는 직육면체의 부피를 구하는 개념을 연결하여 구할 수 있습니다. 각뿔과 원뿔의 부피는 각각 밑넓이와 높이가 같은 각기둥과 원기둥의 부피의 $\frac{1}{3}$로 계산합니다. 뿔의 부피가 기둥의 부피의 $\frac{1}{3}$라는 수치는 사실 중학교에서 정확하게 이해할 수 없으므로 교과서에서는 실험을 통하여 정당화하는 정도로 설명하고 있습니다. 정확한 설명은 고등학교 적분에서 가능합니다. $\frac{1}{3}$이 사실임을 증명하는 과정은 고등학교 과정입니다.

기둥 모양이나 뿔 모양이 아닌 불규칙한 모양의 입체도형도 적분을 이용해서 부피를 구할 수 있습니다. 그 기본 원리는 초등학교 부피 개념에 있기 때문에 초등에서 부피에 대한 개념적인 이해를 충분히 했다면 고등학교 적분은 반은 먹고 들어가는 것이나 다름없습니다. 다음은 고등학교 적분에서 부피를 구하는 그림입니다. 기둥처럼 밑넓이가 일정하지 않기 때문에 단면을 잘게 잘라서 각각의 단면의 넓이에 높이를 곱한 값을 각각 구하고 이를 더해서 전체 부피를 구합니다.

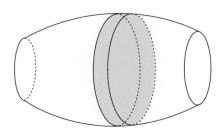

초등학교나 중학교에서 (기둥의 부피)=(밑넓이)×(높이)로 구합니다. 각기둥이든 원기둥이든 밑넓이가 일정하므로 넓이를 하나만 구하고 거기에 높이를 곱하지요. 고등학교 적분은 이런 계산을 여러 번 하는 것으로 이해할 수 있습니다.

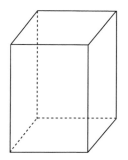
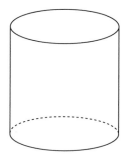

그럼 초등학교에서는 어떻게 부피를 구할까요? 초등과정에서는 직육면체와 정육면체의 부피만 다룹니다. 다음 그림에서 직육면체의 부피를 구하는 공식을 볼 수 있습니다. 가로와 세로와 높이를 모두 곱하면 직육면체의 부피를 구할 수 있는데, 가로와 세로의 곱이 밑면의 넓이(밑넓이)와 같으므로 간단하게 (밑면의 넓이)×(높이)로 부피를 구합니다.

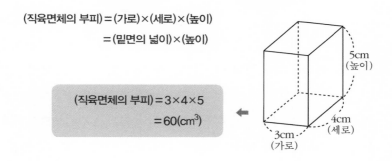

(직육면체의 부피) = (가로)×(세로)×(높이)
= (밑면의 넓이)×(높이)

(직육면체의 부피) = 3×4×5
= 60(cm³)

5cm
(높이)

4cm
(세로)

3cm
(가로)

어떤 물건이 공간에서 차지하는 크기를 부피라고 하는데, 왜 직육면체의 부피는 가로와 세로와 높이를 곱해서 구할까요? 여기에 부피의 핵심이 있습니다. 부피를 구하는 공식은 2단계 개념이기 때문에 그 공식을 유도할 줄 알아야 합니다. 그것이 개념적인 이해입니다. 부피를 만들려면 시작점이 있어야 합니다. 1cm³ 크기의 단위부피를 정하는 것이 그 시작점이지요.

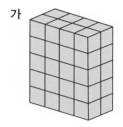

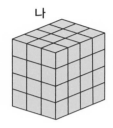

직육면체 **가**, **나**의 부피는 직육면체 안에 들어가는 단위부피 $1cm^3$의 개수에 따라 정해집니다. 직육면체의 가로, 세로, 높이를 각각 1cm씩 잘라서 그 안에 들어가는 $1cm^3$짜리 단위부피의 개수를 세면 그것이 곧 부피입니다. 직육면체 **가**에 들어가는 단위부피의 개수는 $4 \times 2 \times 5 = 40$(개), 직육면체 **나**에 들어가는 단위부피의 개수는 $3 \times 4 \times 4 = 48$(개)이므로 직육면체 **가**, **나**의 부피는 각각 $40cm^3$, $48cm^3$입니다. 단위부피의 개수를 세는 과정에서 (직육면체의 부피)=(가로)$\times$(세로)$\times$(높이)라는 공식이 만들어진 것입니다.

다시 정리하면 초등 과정의 직육면체의 부피를 구하는 과정에서 만들어진 공식 (가로)$\times$(세로)$\times$(높이)가 중학교에서 기둥의 부피를 구하는 공식 (밑넓이)$\times$(높이)로 발전하고, 다시 고등학교 적분에서 여러 개의 (밑넓이)$\times$(높이)의 합이 됩니다.

## 중·고등학교에서 경우의 수를 틀리는 것은 초등 기초가 약한 탓이다

경우의 수는 확률과 마찬가지로 중·고등학교에서 가장 골치 아픈 분야입니다. 선택과목으로 운영되는 고등학교 '확률과 통계' 과목은 선생님들에게도 기피 대상입니다. 그런데 경우의 수는 핵심이 되는 법칙이 딱 2개입니다. 이른바 합의 법칙과 곱의 법칙입니다. 쉽게 표현하면 덧셈과 곱셈이지요.

이는 어떤 2가지 사건을 생각할 때, 각 사건의 경우의 수를 더할 것인가 곱할 것인가, 이 기로에서 판단의 어려움을 겪는다는 말입니다. 예를 들어, 어떤 학생이 상의 3벌과 하의 2벌 중에서 하나씩 짝을 지어 옷을 입는 경우의 수를 구할 때, 3과 2를 더해서 5가지라고 해야 하는지, 곱해서 6가지라고 해야 하는지를 판단해야 하지요. 이 럴 때는 각각의 경우를 나열해봐야 합니다. 그림과 같이 상의와 하의를 하나씩 짝 지으면 총 6가지가 나오는데, 이것은 상의 3벌 각각에 대하여 하의를 2벌씩 짝 지을 수 있으므로 곱의 법칙을 사용하여 $3 \times 2 = 6$으로 계산한 것입니다.

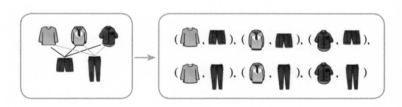

가장 쉽고 기초가 되는 연산은 덧셈입니다. 덧셈 이전에는 수 세기를 합니다. 이어서 세는 방법이 덧셈으로 연결되지요. 상의가 이쪽 장롱에 3벌, 저쪽 장롱에 2벌 있다면 상의는 총 5벌이고 이것은 "하나, 둘, 셋" 하고 이어서 "넷, 다섯"으로 세는 이어 세기를 한 것입니다. 연산으로는 3+2=5와 같은 덧셈으로 이어집니다. 그러다가 똑같은 수를 반복적으로 더하는 상황이 생깁니다. 상자 안에 똑같은 물건이 3개씩 있는데 상자가 모두 9개라면 물건의 총 개수는

$$3+3+3+3+3+3+3+3+3$$

으로 구할 수 있습니다. 이때 같은 수를 반복하여 더하는 지루한 상황을 해결하기 위해 곱셈 개념이 만들어졌습니다. 이것을 곱셈으로 나타내면

$$3+3+3+3+3+3+3+3+3=3\times9$$

이고, 곱셈구구로 계산하면 이 값은 27입니다. 이어 세기나 덧셈을 반복하는 연산으로는

$$3, 6, 9, 12, 15, 18, 21, 24, 27$$

과 같이 구해야 하는데, 적당히 구구단을 암기하여 단번에 $3\times9=27$로 구하는 것이 곱의 법칙입니다.

똑같은 수를 계속 더하는 어려움과 지루함을 해결하기 위해 곱셈이라는 개념이 만들어졌고, 그것이 중·고등학교에서 경우의 수를 세는 기본 법칙이라는 것이 놀랍게 연결되지요.

그러므로 경우의 수를 세는 문제를 해결할 때 합의 법칙을 사용할 것인지 곱의 법칙을 사용할 것인지의 기로에서는 똑같은 수를 반복

해서 더하는 상황인지 아닌지를 판단하는 것이 핵심인데, 이것은 초등에서 배운 덧셈, 곱셈 개념과 직결됩니다.

과자가 상자 6개에 들어 있는데 각 상자에 들어 있는 과자의 개수가 9, 6, 11, 8, 9, 10일 때 전체 과자 개수는 덧셈을 통해 구할 수 있습니다. 그런데 각 상자에 들어 있는 과자의 개수가 9, 9, 9, 9, 9, 9와 같이 모두 9개씩이라면 더하는 것보다 곱하여 $9 \times 6 = 54$로 계산하는 것이 효율적입니다. 이것이 합의 법칙과 곱의 법칙이라니, 참으로 간단하면서도 강력합니다. 개수가 같은 것을 반복적으로 더할 때는 곱셈을 해야 하므로 곱의 법칙, 같은 개수가 반복되지 않으면 그냥 더해야 하므로 합의 법칙을 적용합니다.

## 고등학교 확률의 핵심은 초등에 있다

2005학년도 수능 수학 과목에 주사위 2개를 소재로 하는 문제가 출제되었습니다.

2개의 주사위를 동시에 던질 때, 한 주사위 눈의 수가 다른 주사위 눈의 수의 배수가 될 확률은?

① $\frac{7}{18}$   ② $\frac{1}{2}$   ③ $\frac{11}{18}$   ④ $\frac{13}{18}$   ⑤ $\frac{5}{6}$

이 문제의 정답은 ③인데 답을 맞힌 학생은 30퍼센트뿐이었습니다. 주사위 2개를 던지는 문제는 모든 교과서에서 다루어지고 있는 만큼 오지선다형 문제에서 이렇게 정답률이 낮은 것은 가히 충격적이었습니다. 더욱 충격적인 것은 60퍼센트의 학생이 ①을 선택했다는 사실이었습니다. ①과 ③에 90퍼센트가 몰린 것은 ①을 선택한 학생들이 이 문제에 손을 대지 못해서 틀린 것은 아니라는 사실을 보여줍니다. ①과 ③의 차이는 (2, 4)와 (4, 2)를 같은 것으로 보고 1개로 셀 것이냐, 다른 것으로 보고 2개로 셀 것이냐 하는 것입니다. 왜 많은 학생이 이 2가지를 별개로 보지 않고 같은 것으로 봤을까요? 그 이유는 한마디로 말해서 이 학생들에게는 확률의 기본 개념이 없었기 때문입니다. 더 근본적으로는 초등에서 배운 분수의 개념에 대한 이해가 부족했던 탓입니다.

문제를 풀어볼까요? 2개의 주사위를 동시에 던질 때 한 주사위의 눈 6가지 각각에 대하여 다른 주사위의 눈이 6가지씩 나오므로 나오는 전체 경우의 수는 곱의 법칙에 따라 $6 \times 6 = 36$입니다. 이것을 순서쌍으로 생각하면 (1, 1), (1, 2), (1, 3), ……, (6, 6)까지 36가지입니다. 이 중 한 주사위의 눈의 수가 다른 주사위의 눈의 수의 배수가 되는 경우를 나열하면 다음 22가지입니다.

(1, 1), (1, 2), (1, 3), (1, 4), (1, 5), (1, 6)
(2, 1), (2, 2), (2, 4), (2, 6)

$(3, 1), (3, 3), (3, 6)$

$(4, 1), (4, 2), (4, 4)$

$(5, 1), (5, 5)$

$(6, 1), (6, 2), (6, 3), (6, 6)$

따라서 구하는 확률은 $\frac{22}{36} = \frac{11}{18}$입니다. ③이지요. 그런데 ①을 선택한 학생들은 이 중에서 중복되는 다음 8개를 뺐습니다.

$(1, 1), (1, 2), (1, 3), (1, 4), (1, 5), (1, 6)$

$\cancel{(2, 1)}, (2, 2), (2, 4), (2, 6)$

$\cancel{(3, 1)}, (3, 3), (3, 6)$

$\cancel{(4, 1)}, \cancel{(4, 2)}, (4, 4)$

$\cancel{(5, 1)}, (5, 5)$

$\cancel{(6, 1)}, \cancel{(6, 2)}, \cancel{(6, 3)}, (6, 6)$

그러면 확률은 $\frac{14}{36} = \frac{7}{18}$이 나옵니다.

많은 고등학생이 확률을 어려워합니다. 그런데 확률 계산 결과를 나타낼 때, 초등학교에서 다루는 개념이 포함됩니다. 지금부터 차근차근 이야기해보겠습니다. 확률이 어려운 것은 보이지 않는 조건이 딱 하나 있기 때문입니다. 그것은 각 경우가 일어날 가능성이 똑같아야 한다는 조건입니다. 이 전제 조건을 만족하면 어떤 사건이 일어날 확률은 $\frac{(그\ 사건의\ 경우의\ 수)}{(전체\ 경우의\ 수)}$로 계산할 수 있습니다. 확률에서 소홀히 하기 쉬운 것은 이 계산 공식이 아니라 각 경우가 일어날 가능성이 똑같아야 한다는 조건입니다.

학생들은 공식을 외울 때 식만 외우는 경향이 있는데, 식보다 더 중요한 것은 전제 조건입니다. 학생들을 골탕 먹이는 문제는 전제 조건이 바뀐 문제들입니다. 선생님들은 학생들이 전제 조건을 소홀히 공부하는 것을 잘 알기 때문에 전제 조건을 제대로 파악하지 않으면 틀리기 쉬운 문제를 출제하기도 합니다. 그러면 영락없이 걸려들지요.

그런데 왜 확률 개념에는 각 경우가 일어날 가능성이 똑같아야 한다는 전제 조건이 붙었을까요? 그것은 우리가 확률 계산 결과를 분수로 나타내기 때문입니다. 분수는 초등학교에서 다루는데 그때 이미 정한 원칙이 있지요.

전체를 똑같이 2로 나눈 것 중의 1을 $\frac{1}{2}$이라 쓰고 2분의 1이라고 읽습니다.
전체를 똑같이 3으로 나눈 것 중의 2를 $\frac{2}{3}$라 쓰고 3분의 2라고 읽습니다.
$\frac{1}{2}$, $\frac{2}{3}$와 같은 수를 분수라고 합니다.

$$\frac{1}{2} \quad \begin{matrix} \leftarrow 분자 \\ \leftarrow 분모 \end{matrix} \qquad\qquad \frac{2}{3} \quad \begin{matrix} \leftarrow 분자 \\ \leftarrow 분모 \end{matrix}$$

'똑같이'라는 조건이 보이지요? 분수는 처음 정할 때 전체를 똑같이 나눈 것을 분모로 했습니다. 분수의 분모는 똑같이 쪼갠 개수이기 때문에 확률도 분수로 나타내려면 이 조건을 만족해야 합니다. 그래서 확률의 전제 조건으로 '각 경우가 일어날 가능성이 똑같아야 한다'는 것을 제시한 것입니다.

예를 들어, 동전을 2개 던질 때 나올 수 있는 경우의 수는 다음 3가지입니다. 둘 다 앞면이 나오거나 둘 다 뒷면이 나오거나 앞면과 뒷면이 하나씩 나오는 경우입니다.

동전 2개를 던질 때 나올 수 있는 전체 경우의 수가 3가지이므로 둘 다 앞면이 나올 확률은 $\frac{1}{3}$일까요? 확률이 분수로 나타나고 있으므로 분수의 개념을 생각해봅니다. 분수에서 가장 중요한 것은 분모입니다. 분모에 해당하는 3이 똑같은 가능성을 가져야 하지요. 이 부분을 제대로 생각해보지 않으면 확률의 고비를 넘기기가 어렵습니다. 그림에서 3가지 경우 중 처음 2가지는 가능성이 같습니다. 마지막 경우는 어떤가요? 두 동전 중 하나는 앞면, 다른 하나는 뒷면이 나올 수 있고, 그 반대 경우도 있습니다. 마지막 경우는 나올 가능성이 앞의 두 경우보다 큽니다. 이렇게 생각하면 3가지 경우일 때는 확률의 전제 조건을 갖추지 않았음을 알 수 있습니다. 그래서 다음과 같이 4가지 경우로 생각해야 합니다.

이제 4가지는 일어날 가능성이 똑같습니다. 그래서 둘 다 앞면이 나올 확률은 $\frac{1}{4}$입니다.

'겨우 동전 2개를 던지는 상황도 간단한 것이 아니구나!' 하는 생각이 드나요? 앞으로는 크기가 서로 다른 사과, 방울토마토, 감 중에서 제일 큰 사과를 먹고 '나는 $\frac{1}{3}$만 먹었다'고 우기는 일은 없겠지요?

지금 공부하는 게 수학 맞습니까?

# 연산의 핵심은 결국 개념이다

## 구구단도 철저한 개념적 이해와 적당한 암기로 익힌다

학부모 강연에서 주로 받는 질문은 연산 연습과 관련된 것입니다. 부모라면 한 번쯤 초등학생 자녀에게 연산 연습을 강요한 적이 있을 것입니다.

"연산 연습은 하루에 문제집 몇 장 정도가 적당한가요?"

"연산에서 중요한 것은 속도인가요, 정확성인가요?"

"연산 속도가 느리면 수능에서 30문제 중 5문제 이상을 제시간에 풀지 못하고 그냥 찍는다고 하던데, 사실인가요?"

"주산 학원에 다니면 연산능력을 키울 수 있나요?"

가끔 텔레비전 오락 프로그램에 출연한 연예인들이 구구단을 외우는 게임을 하는 것을 볼 수 있습니다. 구구단을 잘 외우지 못해서 바로바로 대답하지 못하면 시청자에게는 즐거움이 됩니다. 이처럼 성인들 중에서도 구구단을 잘 외우지 못하는 사례를 가끔 보는데, 구구단을 까먹는 이유가 무엇일까요? 사람마다 다르겠지만 절차적 암기가 개념적 이해를 도태시킨 것이 그 원인일 수 있습니다. 초등학생 때는 곱셈이 똑같은 수의 반복적인 덧셈이라는 것을 이해했다 하더라도 이후에는 이런 개념적인 생각을 한 번도 하지 않고 암기하고 있는 구구단을 당연히 되풀이한 데서 비롯된 부작용인 것이지요. 또 다른 이유로 초등학교 2학년 때 배우는 구구단을 아직 곱셈의 개념, 배의 개념 등이 부족한 유치원 시절에 "이 일은 이, 이 이는 사, 이 삼은 육, ……" 운율에 맞춰 무작정 외웠기 때문일 수도 있습니다.

　아파트 놀이터에서 경험한 일이 떠오릅니다. 초등학교 2학년 정도 되는 어린아이가 어머니에게 자전거를 배우고 있었습니다. 어머니가 자전거를 붙잡아주었다가 아이 혼자 탈 수 있도록 뒤에서 밀어주는 행동을 반복하고 있었지요. 그런데 갑자기 들려온 소리에 귀가 번쩍 뜨였습니다. 자전거를 비틀비틀 타는 아이에게 어머니가 구구단을 강요했던 것입니다. "8×7은?", "……" 평행을 유지하기도 버거워서 자전거에만 집중하고 있는 아이에게 구구단을 암기할 것을 동시에 요구하고 있었지요. 엄마는 응답이 끊긴 아이를 멈춰 세우고는 기어이 구구단 연습을 시켰습니다. 아이는 자전거를 내팽개치고 울음을 터뜨리고 말았지요.

구구단을 암기했다 하더라도 이후 가끔 개념적인 질문을 스스로 또는 부모님이 해주는 것이 필요합니다. 연산학습지를 풀고 나서 답만 확인하고 넘어가던 것에서 한 걸음 발전하여 "왜 8×7이 56이지?" 정도의 질문에 답해보는 습관을 가져야 합니다.

동네에서 만난 초등학교 3학년 학생에게 갑자기 물었습니다. "3×7은?", "……" "어라? 왜?", "잘 모르겠어요! 기억이 안 나요!" 질문한 제가 난감해졌습니다. 답하지 못한 그 학생은 얼마나 마음이 아플까요? 이 사태를 수습하기 위해 정신을 가다듬고 물었습니다. "3×7의 뜻이 뭐지?" 학생은 침착하게 "3을 7번 더하는 것이요!"라고 답변했습니다. 정말 다행이었습니다. 그래서 3을 7번 더해보도록 요구했습니다. 천천히 계산하라는 당부도 잊지 않았지요. 손가락을 7번 접어가면서 "3, 6, 9, 12, 15, 18, 21!" 이렇게 세더니 21이라고 답했습니다. "구구단 외운 것이 생각나지 않으면 그렇게 거듭 더하면 된단다." 하고 대화를 마무리 지었습니다.

이렇게 구구단의 값을 순간적으로 기억하지 못하는 것은 구구단의 값이 81개나 되기 때문입니다. 반면 구구단의 개념, 즉 똑같은 수를 반복하여 더한다는 곱셈의 개념은 하나뿐입니다. 결과보다 개념이 더 간단한데 많은 사람이 공식을 무조건 암기하려고만 듭니다.

짧은 시간에 많은 문제를 풀어야만 하는 시험문제 탓에 학생들이 암기의 전쟁에 몰린 것 같아 가슴이 아픕니다.

## 그래도 구구단은 암기해야 한다

저는 무조건적인 암기를 반대합니다. 하지만 구구단만큼은 개념적인 이해를 했더라도 기계적으로 답이 나올 정도로 암기할 필요가 있습니다. 한 자리 수끼리의 곱셈인 구구단은 이후 두 자리, 세 자리로 수의 크기가 늘어나는 상황의 곱셈에 사용될 뿐 아니라 모든 나눗셈에 필수적이기 때문입니다. 구구단을 암기해두면 계산기를 쓰는 불편함을 해소할 수 있고, 때로 계산기가 작동이 안 되는 상황에 처하더라도 문제가 없습니다.

구구단을 암기해야 하는 가장 중요한 이유는 어림셈 때문입니다. 어림은 정확한 계산을 하지 않고 대강 짐작하여 수나 크기를 헤아리는 것입니다. 구구단은 두 자리 수 또는 더 큰 자리 수의 곱셈과 나눗셈의 결과를 짐작하는 데 꼭 필요합니다. 자릿수가 큰 수의 곱셈이나 나눗셈은 실수로 계산을 틀리는 경우가 많기 때문에 미리 짐작하여 어림하지 않고 계산하면 틀렸는지 맞았는지 스스로 확신하기가 어렵습니다. 먼저 적당한 구구단을 이용해서 대략의 값을 어림해보고, 실제 계산 결과가 어림한 값과 차이가 많이 나면 계산이 틀렸다는 것을 직감할 수 있습니다. 그렇다면 다른 방법으로 계산해볼 필요를 느끼게 되지요. 이렇게 구구단은 실수를 발견하는 데 중요한 역할을 합니다.

## 모든 계산은 어림하기(또는 암산) → 손으로 직접 계산하기(필산) → 다시 확인하기(검산)의 과정을 거쳐야 한다

연산 연습, 특히 시간을 재면서 연습하는 초 재기 학습을 할 때는 어림이나 검산 등의 절차가 따로 없습니다. 그러나 이때도 모든 계산은 먼저 머릿속으로 어림 또는 암산을 하여 대강의 결과를 예측한 다음 손으로 직접 계산하는 과정을 거칩니다. 직접 계산한 결과가 어림한 결과와 차이가 크면 답이 틀렸을 수 있으므로 다시 계산해야 하는데, 이때는 가급적 처음 시도했던 방법과 다른 방법으로 계산하는 것이 효과적입니다. 같은 방법을 되풀이하면 같은 실수를 저지르기 쉽기 때문에 틀린 부분을 발견하기가 어렵습니다.

예를 들어, 세 자리 수의 덧셈 318+596에서 먼저 어림셈을 해봅니다. 318을 약 300으로, 596을 약 600으로 어림하면 이 덧셈의 결과는 900 정도가 될 것입니다. 손으로 세로셈을 하여 914를 구했다면, 어림했던 것과 같이 대략 900이 되니까 계산을 맞게 했을 것이라고 추측할 수 있습니다. 만약 받아올림을 빠뜨려서 814가 나온다면 어림한 결과인 900과 차이가 크므로 검산을 해야 합니다. 검산은 처음 시도했던 세로셈과 다른 가로셈으로 하는 것이 좋습니다. 즉, 각 자리 수를 나누어 더하면 300+500=800, 10+90=100, 8+6=14이고 이들 세 결과를 더하면 914로 계산할 수 있습니다. 이 과정에서 십의 자리에서 받아올림하지 않는 실수를 했다는 것을 발견하게 되지요.

## 주산 훈련은 연산 공부에 도움이 될까

무엇이든 공부에 도움이 안 되는 것이 있을까요? 중요한 것은 필요성과 효과성입니다. 주산 훈련은 초등학교 저학년의 자연수의 사칙연산과 관계가 있습니다. 주산은 본래 컴퓨터가 없던 시절, 은행 업무 등 계산이 필요한 부분에 필수적인 기술이었습니다. 지금은 계산기나 컴퓨터가 그 역할을 대신하기 때문에 주산 학원이 한동안 사라졌는데, 연산 훈련이 유행하면서 다시 주산 학원이 등장하게 되었습니다.

연산 훈련, 특히 암산 하나만 생각하면 주산은 암산능력을 키워준다고 할 수 있습니다. 그러나 수학 계산은 암산에서 시작되어도 연필로 직접 하는 계산과 결과를 확인하는 검산 등이 모두 이루어져야 합니다. 그러므로 암산능력에만 도움이 되는 주산 연습이 수학 학습에 필수적이라고 보기는 어렵습니다. 주산 연습은 일시적으로 암산 능력을 키워주기는 하지만 수학 공부가 암산만 가지고 되는 것은 아니고, 주산에 직접 연결된 자연수의 사칙연산은 초등 저학년에만 있는 것이므로 주산을 별도로 익히는 것은 권장하지 않습니다.


## 연산을 무시할 수는 없다

초등 저학년 수학은 자연수의 사칙연산을 다루는 단원이 절반 정도나 됩니다. 시험문제도 절반 정도는 연산문제로 이루어집니다. 그러니 연산을 무시할 수는 없습니다.

자연수의 사칙연산은 그 자체를 수학으로 볼 수도 있지만, 사실 우리가 연산을 배우는 목적은 연산 자체에 있다기보다는 문제를 해결하는 과정에서 연산이 필요하기 때문입니다. 그래서 연산은 문제 해결의 도구로 생각하는 것이 맞습니다. 그런데 어떤 연산 시험은 시간을 재어 학생들이 빠른 속도로 계산하도록 강요합니다. 저는 이런 상황을 큰 문제라고 생각합니다.

초등학교에서도 고학년으로 올라가면 자연수의 사칙연산보다는 분수의 사칙연산이 학습의 주를 이룹니다. 분수의 사칙연산에서도 시간을 재는 시험이 있을 수 있지만 자연수의 사칙연산에서만큼 많지는 않을 것입니다. 초를 재는 시험은 점점 사라지다가 중학교에 올라가면 완전히 사라지지요. 나아가 고등학교 수학 문제를 풀 때는 빠른 연산보다 정확한 연산이 요구됩니다. 연산에서 다루는 수의 크기도 거의 두 자리 수를 벗어나지 않습니다. 초등학교 3학년에서 다루는 세 자리 수의 연산 등은 고등학교 시험문제를 푸는 데도 거의 사용되지 않습니다. 참고로 수능에서는 999를 넘어가는 답이 절대 나오지 않습니다.

## 연산에서 중요한 것은 속도가 아니라 정확성과 다양성이다

연산도 수학입니다. 수학 공부의 핵심은 개념적인 이해입니다. 그러므로 연산학습도 철저히 개념적이어야 합니다. 속도를 요하는 것은 절차적인 방법으로 해결할 수밖에 없습니다. 기계적으로 암기해야만 속도가 나지요. 연산학습지를 보면 철저히 세로셈 위주입니다. 가로셈 같은 다양한 계산은 속도가 나지 않기 때문에 연산학습지에서는 선호하지 않습니다.

하지만 연산을 절차적으로 공부하는 것이 초등 저학년의 주된 수학 공부가 된다면 정말 끔찍한 결과를 불러올 수 있습니다. 연산도 수학의 한 영역이기 때문에, 그만 모든 수학 공부를 절차적으로 하는 습관에 빠지는 것입니다. 개념적인 이해를 동반하지 않고 절차적인 방법만을 숙달하면 이후에 다시 개념적인 이해를 하는 단계로 돌

지금 공부하는 게 수학 맞습니까?

아오기 어려우므로 자기주도적인 수학 공부 습관을 익히는 것이 불가능합니다.

연산도 철저히 개념적으로 공부해야 합니다. 절차적인 숙달이 필요한 부분이 있지만 그 이전에 개념적인 이해를 튼튼히 해서 언제든 다시 개념으로 돌아올 수 있어야 합니다. 연산 공부를 절차적으로 하더라도 항상 연산 공부의 끝은 개념적인 설명으로 마쳐야 합니다. $6 \times 7 = 42$, $6 \times 8 = 48$, $6 \times 9 = 54$를 공부하더라도 "왜 $6 \times 9 = 54$이지?"와 같은 물음을 게을리해서는 안 됩니다. "아하! $6 \times 9$는 6을 9번 더한 것이지!", "아니, 9를 6번 더해도 되지!", "$6 \times 8 = 48$에 6을 한 번 더 더해도 되는구나!" 이렇게 다양한 생각과 개념적인 생각을 되풀이해야 개념적인 이해와 절차적인 연습이 조화를 이루어서 두 마리 토끼를 다 잡을 수 있는 균형 잡힌 공부가 됩니다.

## 연산도 개념과 연결해야 효율적이다

중학생에게 초등학교 수학에서 가장 공부하기 싫었던 부분이 무엇이었는지를 물었습니다. 그랬더니 많은 학생이 자연수의 혼합 계산과 분수의 사칙연산을 꼽았습니다. 두 부분의 공통점은 연산이라는 것도 있지만, 공식이 어떻게 해서 만들어진 것인지 이해하는 과정 없이 시키는 대로 연습에만 치중해야 한다는 점입니다. 학생들은 높은 점수를 받고 싶어 하는 동시에 그것을 왜 해야 하는지 이해하고 싶어 합니다. 그런데 자연수의 혼합 계산을 보면 계산 순서가 정해져 있습니다.

① 괄호가 있으면 괄호 안을 가장 먼저 계산한다.
② 덧셈, 뺄셈, 곱셈, 나눗셈이 섞여 있는 식은 곱셈과 나눗셈을 먼저 계산한다.
③ 곱셈과 나눗셈이 섞여 있는 식은 앞에서부터 차례로 계산한다.
④ 덧셈과 뺄셈이 섞여 있는 식은 앞에서부터 차례로 계산한다.

학생들은 이 순서로 계산을 하여 답을 맞히면서도 왜 괄호가 먼저인지, 왜 덧셈과 뺄셈보다 곱셈과 나눗셈이 먼저인지 이해하지 못했기 때문에 이 부분을 어려워했던 것입니다. 절차적 방법을 외우면 계산은 할 수 있지만 개념적으로 그렇게 계산해야 하는 이유를 알지 못합니다. 분수의 사칙연산도 마찬가지입니다.

① 분수의 덧셈은 분모를 통분한 다음 분자끼리만 더한다.
② 분수의 뺄셈은 분모를 통분한 다음 분자끼리만 뺀다.
③ 분수의 곱셈은 분모는 분모끼리, 분자는 분자끼리 곱한다.
④ 분수의 나눗셈은 나누는 분수의 분자와 분모를 바꾸어 곱한다.

분수를 더할 때는 분모는 더하지 않고 분자끼리만 더했는데, 곱할 때는 분모도 곱해야 합니다. 심지어 나눌 때는 나누는 분수의 분자와 분모를 뒤집어서 곱하지요. 왜 그렇게 해야 하는지 이해하지 못하면 분수의 사칙연산은 개념적으로 연결되지 않은, 따로따로 떨어진 공식에 불과합니다. 그래서 중학생 중에는 분수의 사칙연산에 어려움을 겪는 학생이 제법 있습니다.

또 중학교에서는 유리수의 사칙연산이 기다립니다. 아직 자연수의 사칙연산도 이해하지 못해 쩔쩔매는데 유리수의 사칙연산이 닥친 것입니다. 그런데 유리수의 사칙연산에서는 규칙이 하나 더 늘어납니다.

① 거듭제곱이 있으면 거듭제곱을 가장 먼저 계산한다.

여전히 왜 그런지는 알 수 없습니다. 이 상태로 공부를 계속하는 것은 결국 '수포자'로 가는 지름길이 됩니다. 시간이 걸리더라도 개념적으로 그 이유를 따지고 공부해서 이해를 해야만 합니다. 『연산의 발견』은 연산을 절차적으로만 공부했을 때 일어나는 이런 현상을 해결하기 위해서 연산을 개념적으로 공부하도록 만든 책입니다. 그래서 연산이지만 개념적인 연결을 계속 경험하는 장치가 마련되어 있습니다.

『연산의 발견』에는 위와 같은 개념연결표가 수록되어 있습니다. 이 개념연결표는 분모가 같은 분수로 나타내는 것, 즉 통분하는 것이 기계적으로 계산되는 것이 아니라 이전 내용인 '크기가 같은 분수 만들기'에 연결된다는 것을 보여줍니다. 그래서 통분은 분자와 분모를 똑같은 수로 나누거나 분자와 분모에 똑같은 수를 곱하는 계산의 원리를 이용하는 것이고, 최소공배수로 통분하는 것이 가장 작은 분모를 만드는 방법이라는 것도 개념적으로 연결 지어서 이해할 수 있음을 알려주지요.

## 기계적인 연산 공부를 피하려면

많은 연산문제집이 기계적인 훈련을 시키면서 초 단위로 시간을 재는 이른바 초 재기 학습을 초래하고 있어 우려가 됩니다. 기계적인 훈련은 연산이 아닌 다른 수학 공부에서도 똑같은 방식의 습관으로 굳어질 수 있습니다. 그리고 초 재기 학습은 깊이 있고 정확한 이해를 막습니다.

기계적인 연산이 불가피한 부분이 있더라도 그쪽으로만 빠지는 것을 지양하려면 연산을 할 때마다 지금 무엇을 하고 있는지 생각하는 여유를 가져야 합니다. 그래서 세 자리 수의 나눗셈을 하다가도 이전에 공부한 두 자리 수의 덧셈을 해보거나 세 자리 수의 곱셈을 동시에 진행하면 사고의 유연성을 기르는 데 도움이 됩니다. 한 가지 유형의 공식을 적용하는 것을 지속하다 보면 사고가 멈추고 기계적인 조건반사만 일어나므로 공부는 했지만 실력은 늘지 않는 이상한 현상이 벌어집니다. 『연산의 발견』에는 연산도 반드시 선생님 놀이를 통해서 설명하도록 하는 장치가 들어 있습니다. 그리고 돌발문제, 즉 연산을 기계적으로 하는 것을 막는 장치를 두어 계속 주의하도록 돕고 있습니다.

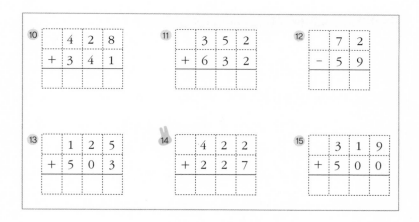

세 자리 수의 덧셈을 연습하는 장면에서 ⑫는 두 자리 수의 뺄셈

입니다. 이 문제를 기계적으로 두 자리 수의 덧셈으로 계산하는 학생이 많이 발견됩니다. 그러다가 아차 싶어 다시 뺄셈으로 돌아올 때 머리 회전이 달라지는 경험을 하게 됩니다. 기계적인 머리 사용을 멈추고 새롭게 머리를 써야 하는 경험은 왕성한 두뇌 회전을 불러일으키는 효과가 있습니다. ⑭와 같이 토끼 귀가 그려진 문제는 '선생님 놀이'용입니다. 한 쪽에 두 문제 정도로, 연산문제를 풀어 답만 확인하고 넘어가는 것을 방지하는 장치입니다. 연산을 기계적으로 하는 것에서 그치지 말고 개념적으로 설명하는 기회를 꼭 가지라는 뜻이므로 이때 친구나 부모님에게 설명하는 시간을 가지면 연산학습이 정확하게 완성됩니다.

## 단순하고 지루하게 반복하는 연산학습은 피한다

교육학자들은 단순하고 지루한 연산문제를 반복하는 데 있어 그 부작용을 지적합니다. 연산문제를 반복한다고 해서 학업능력이 향상되지는 않습니다. 학업능력이 뛰어난 학생에게는 오히려 역효과가 나타납니다. 학생들은 본질적으로 도전적인 응용문제나 퀴즈를 좋아합니다. 학생들뿐만 아니라 성인들, 심지어는 나이 드신 어르신들도 머리 쓰는 문제를 좋아합니다.

초등학교 수업 내용 중 자연수의 혼합 계산과 분수의 사칙연산이

지금 공부하는 게 수학 맞습니까?

가장 인기가 없는 것은 이 부분의 학습이 단순하고 지루한 방식으로 흘러가기 때문입니다. 자연수의 혼합 계산도 개념적으로 공부하여 단순하고 지루한 방식을 탈피해야 합니다. 분수의 사칙연산도 분수의 개념과 연결하면 각각의 계산 방법이 기계적으로 이루어지는 대신 정확한 이유를 이해하면서 학습하게 되므로 아주 훌륭한 수학 공부가 될 수 있습니다.

## 초등 연산이 느리면 수능에서 손해다?

수능을 본 청년들에게 초등과 같은 심각한 연산을 요하는 문제가 수능 수학에 나왔는지 확인해보세요. 연산이 느려 수능을 실패하는 경우는 거의 없습니다. 연산에서 실수하여 답을 잘못 구하는 경우는 있을 수 있지만, 이때는 정확한 계산을 하지 못한 것이지 속도가 느려서는 아닙니다.

실제로 수능을 볼 때 시간 부족으로 문제를 다 풀지 못하고 답을 찍을 수밖에 없는 상황이 발생하기도 합니다. 그 이유는 연산능력이 부족해서가 아니라 사고력이 부족하기 때문입니다. 학생들은 문제를 접할 때마다 그 문제에 포함된 3~4개의 수학 개념을 보고 각각에 대한 정의와 성질뿐만 아니라 그 개념들 사이의 내적인 연결 관계를 이해하는 데 대부분의 시간을 소비합니다. 그리고 문제를 이해하여 문제 해결의 실마리를 잡게 되면 그때부터 문제를 풀어낼 때까지의 계산은 대개 열 줄을 넘지 않습니다. 계산 시간도 1분 이내가 대부분입니다. 시간이 부족한 것은 계산능력 탓이 아닙니다. 개념 연결에 대한 이해력이나 사고력이 부족하여 시간을 잡아먹는 것입니다.

# 특별 부록

① 영재교육에 대하여

② 초등수학 Q&A 77

# 영재교육에 대하여

## 영재태교와 기저귀 영재학원

아이에게 가장 필요한 것은 무엇일까요? 부모의 욕심이 아이들을 망치고 있는 것은 아닐까요? 사랑이라는 이름으로 만들어진 틀에 아이들을 가두고 있지는 않나요? 영재교육에 대한 허상이 어린아이들을 영재교육으로 내몰고 있습니다. 아이들에게 가장 필요한 것은 책을 많이 읽고 다양한 경험을 하면서 여러 가지를 사고하는 것입니다. 그런데 아이들은 문제 풀이 기술만 익혀 어려운 수학 문제를 푸는 방향으로 내몰리고 있습니다.

교육청에서 운영하는 영재교육원은 3~4학년에 시작됩니다. 여기에 들어가려면 어떻게 해야 할까요? 1~2학년 때부터 준비를 해야 합니다. 이때 선행학습이 끼어듭니다. 모두가 1~2학년에 시작한다고 생각할 때 마음 급한 부모는 유치원 때부터 시작하면 더 잘할 것으로 생각합니다. 더 마음 급한 부모는 유치원보다 더 빠른 시기를 찾습니다. 그래서 생겨난 것이 기저귀 영재학원입니다.

'기저귀'라는 문구에서 짐작할 수 있겠지요? 설마 기저귀 찬 아이들을 학원에 보낼까요? 하지만 사실입니다. 이곳은 영유아들을 대상으로 하는 영재학원입니다. 너무 어려서 아직 기저귀를 차고 있는 영아들이 학생이므로 부모님들도 같이 참여하여 기저귀를 갈아주든가 아니면 선생님들이 직접 갈아주기도 하지요. 왜 이렇게 일찍 학원에 보낼까요? 이는 경쟁의 산물입니다. 영재교육이라는 명분에 학원과 부모님의 욕구가 맞아떨어지는 것은 어렵지 않습니다. 아이를 영재로 키우고 싶지 않은 부모가 있을까요? 이러한 마음은 또 '영재태교'로 이어집니다. 이미 영재태교는 흔한 말이 되었습니다. 영재교육에 대한 열풍은 과연 어디까지일까요? 아이를 위한답시고 모든 부모가 경쟁에 나서고 있는 것은 아닌지 우려됩니다.

## 영재교육 프로그램의 허와 실

영재교육을 위한 수학 사교육은 보통 초등학교 저학년에서부터 시작됩니다. 물론 아이들은 정상적인 교육과정의 수학 내용을 배우기보다 상급 학년의 과정을 급하게 학습하거나 같은 학년의 과정을 심화해서 배웁니다.

영재교육원의 교육이나 그것을 준비하는 것이 왜 나쁘냐고 반문할 수 있습니다. 아이의 미래를 위해서 꼭 필요한 것처럼 생각할 수도 있습니다. 맞습니다. 영재교육 그 자체에 무슨 큰 문제가 있겠습니까. 영재교육이 나쁘다면 억지로 영재교육을 시키는 부모님은 어디에도 없을 것입니다. 자식이 영재이기를 바라는 마음은 똑같으므로 영재가 아닌데도 영재교육을 시키는 것이 크게 나쁠 것 없다고 생각할 수 있습니다. 그런데 문제가 그렇게 간단하지 않습니다.

사교육이든 공교육이든 영재교육을 시키는 목적이 분명해야 합니다. 대학 입시의 관문으로 삼는 것은 옳지 않습니다. 본인의 취미와 학습 속도에 맞지 않는 교육은 언젠가 탈이 납니다. 과정이 즐겁지 않고 고통을 주는 영재교육은 권장하지 말아야 합니다. 학습 과정에 학생의 주도성이 떨어지면 그만큼 효과도 기대하기 어렵습니다. 어려운 내용을 교육하는 것으로 어려운 문제를 해결하는 능력이 성장할 것이라는 기대는 하지 않는 것이 좋습니다.

정호는 중학교 2학년 때 교육청 부설 과학영재교육원에 영재교육 대상자로 선발되었다. 영재교육원은 주말에 운영되었는데 여러 학교 선생님들이 하루씩 번갈아가며 수업하는 시스템이었다. 정호는 생물에 특히 관심이 많았지만 그날의 담당 선생님이 일방적으로 정한 주제에 따라 수업이 이루어졌기 때문에 교육과정에 재미를 붙일 수 없었다. 그래서 1년 뒤에는 영재교육원 포기 각서를 쓰고 다니지 않게 되었다. 그렇지만 생물에 대한 관심을 접을 수는 없었다. 교장 선생님을 면담하고 학교 내에서 주말을 이용하여 생물 실험 등 관심사를 깊이 있게 탐구할 수 있는 동아리를 만드는 데 지원을 받을 수 있는지 알아보기 시작했다. 교장 선생님은 자세한 이유와 동기를 알아보시고는 생물 선생님을 통해 실험실을 열어주셨다. 정호는 이렇게 만든 생물 동아리 활동을 통해 스스로 영재교육을 경험하고 과학고에 진학하여 지금은 대학에서 생물학을 전공하고 있다.

영재교육 기관에서 진행되는 커리큘럼은 아직 완성도가 많이 떨어집니다. 전체적인 통합성이나 논리적인 연결성으로 구성되기보다 강사 개인의 개인기에 의존하는 방식의 분절된 교육으로 이루어집니다. 이런 교육은 효용성이 떨어집니다. 단편적이고 고도의 분절된 지식은 인터넷에도 즐비합니다. 굳이 영재교육 기관에 가서 교육받지 않아도 얼마든지 접할 수 있습니다. 그 많은 고도의 지식을 연결해주는 영재교육이 필요한데, 그런 전문가는 많지 않습니다.

수학 공부는 정규 교육과정만으로도 충분합니다. 중요한 것은 지식의 양이 아니라 논리적 연결성의 강도입니다. 정규 교육과정의 수학 개념을 정확하게 연결하는 능력, 그리고 그것을 깊이 있게 재구성하는 능력, 개념들 사이의 새로운 관계를 구성해내는 창의력, 그리고 이 모든 것을 자기주도적으로 수행해내는 능력을 가진 학생이 진짜 영재입니다.

## 영재학급과 영재교육원

국가나 지자체에서 운영하는 영재교육 기관은 공식적으로 3가지입니다. 먼저 영재학급은 단일학교 내에서 운영하거나 일부 학교에서 거점으로 지정되어 운영하는 2가지 형태가 있습니다. 영재학급은 초·중·고 어디에나 있지요. 영재학급의 운영비는 수익자 부담 원칙에 따라 선발된 학생들이 납부하고, 지자체 등에서 예산 지원을 받기도 합니다.

단일학교나 일부 거점학교를 중심으로 운영되는 것이 영재학급이라면 시도교육청이나 교육지원청 단위로 운영되는 기관은 영재교육원이라고 합니다. 전국 각 교육지원청에는 관내 학교 학생을 모집하여 운영하는 영재교육원이 있습니다. 이 외에도 대학 부설 영재교육원과 과학고/영재학교 부설 영재교육원이 있습니다. 대학 부설 영재교육원은 주로 초등학생과 중학생을 대상으로 하며, 과학고와 영재학교 부설 영재교육원은 중학생을 대상으로 합니다. 영재학교는 전국에 8개가 있으며, 고등학교 과정으로 운영되고 있지만 중학교 3학년만을 입학 대상으로 하는 것은 아니므로 중1이나 중2도 응시할 수 있습니다. 고등학생은 학교를 중심으로 하는 영재학급이나 시도교육청을 중심으로 하는 영재교육원에서 영재교육을 받을 수 있고, 영재학교에서 교육받기도 합니다.

## 과학고와 영재학교

서울에는 '과학고'가 이름에 들어가는 학교가 3개 있습니다. 서울과학고와 한성과학고, 세종과학고이지요. 이 중 서울과학고는 영재학교이고, 한성과학고와 세종과학고는 과학고입니다. 또 부산에는 한국과학영재학교가 있고, 세종과 인천에는 과학예술영재학교가 있습니다. 세종과학고와 세종과학예술영재학교는 이름이 헷갈립니다.

1983년 경기과학고가 개교한 이래 전국 각 시도교육청에는 한 개 이상의 과학고가 있었습니다. 2003년 부산과학고가 영재학교로 전환되면서 한국과학영재학교로 이름을 바꾸고, 이후 영재학교로 전환된 다른 과학고들은 이름을 바꾸지 않아서 학교의 분류가 헷갈리게 된 것이지요. 거기에 2015년, 2016년에 각각 설립된 세종과학예술영재학교와 인천과학예술영재학교는 이름에 예술을 포함하고 있어서 또 헷갈릴 수밖에 없습니다.

광역 단위로 학생들을 선발하는 과학고와 달리 영재학교는 전국적으로 모집하기 때문에 해당 지자체 내의 학생들만 선발할 수 없습니다. 그래서 과학고가 영재학교로 전환되면 그 지역 학생들에게 손해가 발생하지요. 이에 해당 지자체에서는 추가로 과학고를 신설하는 경우가 많았습니다. 그래서 과학고는 지금 전국에 20개가 있습니다.

| 학교 | | 주소 | 개교일 | 전환년도 |
|---|---|---|---|---|
| 과학<br>영재학교 | 한국과학영재학교(KAIST부설) | 부산광역시 부산진구 | 1991년 | 2003년 |
| | 서울과학고등학교 | 서울특별시 종로구 | 1989년 | 2009년 |
| | 경기과학고등학교 | 경기도 수원시 장안구 | 1983년 | 2010년 |
| | 대구과학고등학교 | 대구광역시 수성수 | 1988년 | 2011년 |
| | 대전과학고등학교 | 대전광역시 유성구 | 1984년 | 2014년 |
| | 광주과학고등학교 | 광주광역시 북구 | 1984년 | 2014년 |
| 과학예술<br>영재학교 | 세종과학예술영재학교 | 세종특별자치시 | 2015년 | |
| | 인천과학예술영재학교 | 인천광역시 연수구 | 2016년 | |

　　과학고와 영재학교는 설립 목적이나 운영 방식, 운영 주체에 약간 차이가 있기는 하지만 사실 교육과정 등 실제적인 차이는 없습니다. 먼저 학생을 선발하는 영재학교 전형에 응시한 다음 다시 과학고에 지원하는 학생들을 보면 두 학교 사이에 뚜렷한 차이가 없다는 것을 알 수 있습니다. 세세한 차이가 분명 있겠지만 그런 것을 이유로 다르다고 생각하는 학생들은 거의 없습니다.

## 과학고와 영재학교 수학 교육과정 운영의 문제점

과학고와 영재학교에 수학에서 뛰어난 성취를 보이는 학생들이 모이는 것은 사실입니다. 그래서 이들 학교에서는 고등학교 수학 교육과정을 압축적으로 운영하고 있습니다. 예를 들면, 고1 정도에 일반고 3년 과정을 마칠 수도 있습니다. 이후에는 대학 과정의 수학이나 좀 더 넓고 깊은 수학 교육과정을 거칠 수 있도록 운영됩니다. 그 탓에 영재학교를 지망하는 중학생들의 선행학습이 유발되고 있습니다. 정말 영재성을 가진 학생이라면 3년 과정을 1년 만에 마치는 데 어려움이 없을 것입니다. 그러나 영재학교를 지망하는 중학생 대다수는 그것이 불가능하다는 것을 알기 때문에 고등학교 3년 과정을 선행하게 되는 것입니다. 최소한 2년 정도라도 선행하는 것이 현실입니다.

아이의 수준이 뛰어나기 때문에 선행학습이 가능한 것일 수도 있지만 실제로 영재학교나 과학고 학생들이 가장 어려워하는 과목은 수학입니다. 압축적으로 빨리 나가는 진도와 과도하게 심화된 교육에 중압감을 느끼는 학생이 많습니다. 경쟁이라는 허울과 대입에서의 성적표 때문에 제도에 끌려다니는 영재들을 보면 안타깝습니다. 영재학교에 입학하면 원하는 공부에 푹 빠져 깊이 있는 연구를 할 수 있을 것으로 기대했을 텐데, 학교에서 정해주는 의무적인 기본 교육의 강도가 만만치 않은 탓에 개인적인 관심사나 연구는 뒷전에 밀리는 것이 사실입니다. 더 큰 문제는 이런 교육이 대학 입장에서 볼 때는 어설프다는 것입니다. 어차피 대학에 오면 처음부터 새로 시작해야 하는 중복된 교육이기 때문입니다.

## 고등학교 선택은 용두사미(龍頭蛇尾)보다 용미사두(龍尾蛇頭)로

과학고나 영재학교에 재학하는 학생들의 영광은 '톱 10'에 드는 데 있습니다. 넓게 잡아 최소 30퍼센트 안에는 들어야 기대에 부응할 수 있습니다. 나머지 70퍼센트는 꼭 행복하지는 않습니다. 대학 입학도 기대만큼 이루지 못합니다. 일반고에 갔으면 상위 1퍼센트 안에 들어가서 원하는 대학에 들어갈 수 있겠지만 과학고나 영재학교에서는 상위 30퍼센트 안에 들어가지 못하면 원하는 대학 입학이 쉽지 않습니다.

영재학교에서 중·하위권은 그 집단에서 주도권을 가질 수 없습니다. 시험 결과가 나올 때마다 받는 상실감과 스트레스는 말로 표현할 수 없을 정도입니다. 반면 이 학생들이 일반고에 갔다면 당연히 최상위권에 머물 것입니다. 고등학교 3년의 경험으로 원하는 대학에 무사히 들어가겠지요.

저는 중학교 때 늘 상위권이었습니다. 당시에는 영재학교가 없었으므로 지역의 최상위 고등학교에 지원했는데, 낙방을 했습니다. 그러고는 최하위 고등학교에 입학하게 되었지요. 날마다 친구들의 수학 공부를 돕다 보니, 가난해서 제 돈으로는 한 권도 살 수 없었던 수학 문제집을 전부 풀어볼 기회도 얻었습니다. '선생님 놀이'를 하는 동안 모든 수학을 다 설명해야만 했고, 그러다 보니 친구들이 어려워하는 부분, 힘들어하는 부분을 모두 알게 되었습니다. 설명을 준비하는 것이 공부였고, 설명을 하는 동안 미처 이해하지 못한 부분을 확실하게 깨닫는 경험이 수학 실력을 높여주었습니다. 더불어 성인이 되어 사회생활을 할 때 필요한 능력, 즉 직장이나 주변의 어렵고 힘든 부분을 챙길 수 있는 배려능력, 의사소통능력, 리더십 등을 갖추게 되었고, 수학이 좋아져서 수학을 전공하게 되었답니다.

자녀의 고등학교 입학에 있어, 최상위 고등학교 입학을 목표로 삼기보다 자녀가 최상위권에 자리할 수 있는 고등학교를 찾아보세요. 그게 자녀에게 딱 맞는 고등학교일 것입니다. 가서 하위권에 자리할 정도로 높은 수준의 고등학교보다 상위권에 자리할 수 있는 고등학교가 정답입니다.

중학교에서 줄곧 상위권을 유지했던 지영이는 인공지능 쪽으로 진로를 정했는데, 주변에서 과학고에 도전해보라는 권고를 받으니 고민이 되었다. 상위권이기는 하지만 최상위권에 있는 것은 아니기 때문에 과학고에 간신히 입학할 것이라고 생각했다. 과학고에서 다른 친구들에게 맨날 배워야 할 것을 생각하니 '선생님 놀이'의 기회가 오지 않을 것 같아서 가까운 일반고로 진로를 정했다. 중학교 최상위권 학생은 모두 과학고 등 특목고에 입학했기 때문에 지영이는 고등학교에서 최상위권을 유지할 수 있었다. 그리고 수학 시간에는 학생들의 설명을 중심으로 모둠활동을 활발하게 이끌어주는 선생님 덕에 정말 많은 것을 설명할 수 있었다. 시험 때마다 빗발치는 친구들의 도움 요청을 하나도 거절하지 않고 늦게까지 학교에 남아서 친구들에게 수학을 알려준 덕에 수학 공부는 별도로 할 필요가 없었다. 수능

성적도 상위 1퍼센트를 벗어난 적이 없고 학교 내신 성적도 최상위권을 유지했기에 지영이는 고3 때 수시 모집 전형으로 원하는 대학 인공지능 관련 학과에 무사히 합격할 수 있었다. 놀랍게도 중학교 때 뛰어난 실력으로 과학고에 입학한 친구가 같은 학과에 응시했지만 떨어졌다는 소식이 들려왔다.

## 우리 동네 학원 이름도 영재학교인데?

학교나 교육청 또는 대학 등에서 운영하는 영재교육 기관을 제외한 나머지는 공식 영재교육 기관이 아닙니다. ○○영재학교라는 이름이 붙어 있지만 모두 사설 학원이지요. 이러한 사설 영재학원은 공식적인 영재교육 기관 입학에 대비하기 위한 교육 기관입니다.

대부분의 부모님은 자녀가 어릴 때 같은 또래의 다른 아이보다 학습 속도가 빠르면 '우리 아이가 천재 아닐까?' 하고 한 번쯤 생각합니다. 그래서 전문가를 찾아 상담을 하고 싶어 합니다. 때마침 사교육에 종사하는 전문가를 만나면 곧바로 사교육을 시작하지요. 사교육 기관에 다니지 않더라도 아이가 두각을 드러내는 분야의 책을 읽히거나 경험을 쌓도록 도와주려는 것이 부모의 마음입니다.

저에게도 가끔 상담이 들어옵니다. 아이의 수학적인 재능이 남다르다고 판단될 때 부모로서 어떤 조치라도 취해야 하는 것이 도리라고 생각하는 경우가 대부분이지요. 조기 영재교육을 하고 싶은 부모님의 심정을 십분 이해합니다.

## 수학 경시대회의 허상

초등학교에는 성적이나 석차를 내는 중간고사나 기말고사가 없습니다. 수학에서는 단원이 끝날 때마다 단원별 평가라는 시험을 치르지만 점수가 명시적으로 기록되지는 않습니다. 중학교 자유학기제까지도 초등과 비슷합니다. 자유학기제가 끝난 시점부터 성적과 석차가 나오는 중간고사와 기말고사가 시작됩니다. 이 사이에 애가 타는 것은 부모님이지요. 아이의 상대적 위치를 객관적으로 알 수 있는 지표를 학교가 제공하지 않으니까요.

'수올'이란 말을 들어보았나요? '물올'이라는 말은요? 아이들이 드라마 제목을 줄여 부르듯이 부모님들 사이에도 줄여 부르는 이름이 있습니다. '수올'은 '수학올림피아드', '물올'은 '물리올림피아드'의 준말입니다. '물올'과 '수올'에 관해서라면 이런 대화도 빠지지 않습니다.

"영재학교 가려면 수올(수학올림피아드)에서는 당연히 금을 따야 하고, 물올(물리올림피아드)이나 화올(화학올림피아드)에서도 금 또는 은이 있어야 한대!"

"수올에서는 동 따기도 힘든데, 물올로 돌려볼까?"

"수올에서 은 딴 것하고 물올이나 화올에서 금 딴 것 중 어느 것을 더 쳐줄까?"

"수올에서 금 딴 애들은 초등학교 4학년 때부터 영재 전문학원에서 살았대."


사실 이런 대화가 성행했던 것은 2000년부터 2010년까지입니다. 그러나 요즘도 경시대회의 열기는 수그러들지 않고 있습니다. 특히 각종 수학 경시대회가 여전히 성행하고 있지요. '여전히'라는 표현을 쓴 것은 경시대회 성행 현상이 여타 교육 부분과 다른 양상을 띠기 때문입니다.

요즘은 과거와 달리 영재학교나 영재교육원, 그리고 과학고 입시에 경시대회 입상 실적이 반영되지 않습니다. 그렇지만 영재학교 입시에서 지필고사로 치러지는 수학 시험에 경시대회 문제들이 출제되고 있습니다. 이것이 올림피아드 대회나 경시대회를 대비하는 사교육을 지속시키는 효과를 제공하고 있습니다.


경시대회에 참여하는 또 다른 이유는 요즘 초등학교의 평가가 예리하지 않기 때문입니다. 초등학교에서는 평가 결과가 점수나 등수로 표현되기보다 '잘했어요!' 등의 문장으로 기술됩니다. 그리고 점수의 인플레도 심합니다. 100점을 받은 학생 수가 한둘이 아닌 경우도 많습니다. 그러면 학부모님들은 묘한 감정을 느낍니다. 100점이면 1등입니다. 그런데 1등이 한 명이 아니라 여러 명입니다. 뭔가 크게 기뻐해야 할 상황이 아닌 것처럼 느껴집니다. 하지만 경시대회에 나가면 메달의 색이 분명합니다. '금', '은', '동'으로 나뉘는 것이지요. 전국에서 금상을 받은 학생 수가 100~200명이면 금상을 받은 우리 아이는 동네에서 최고임이 증명됩니다.

본래 경시대회는 수학을 순수하게 즐기는 아이들이 실력을 겨루는 장이었습니다. 그런데 상급 학교 진학에 가산점이 부여된 이후로 그 순수성을 잃고 많이 퇴색되었습니다. 그러다 입시 제도가 경시대회 성적을 반영하지 않으면서 다소 진정되는 듯했으나 부모님들의 경쟁심리 때문에 경시대회에 대한 열기는 누그러지지 않고 있습니다.

그럼 경시대회를 어떻게 보아야 할까요? 결론적으로 말하면 경시대회 참가는 얻는 것보다 잃는 것이 더 많을 수 있습니다. 경시대회에 참가하는 이유를 생각해보세요. 순수하게 참가하기보다는 입상 실적에 대한 욕심 때문에 참가하는 경우가 대부분이거든요. 어떤 아이에게나 수학적인 사고능력의 한계는 있습니다. 그런데 경시대회에서는 그 한계를 벗어나는 문제를 억지로 풀어야 합니다. 이때 동원되는 방법이 문제의 풀이 과정이나 답을 무작정 암기하는 것입니다. 잘못된 공부를 하게 되지요.

또 하나 원론적인 문제가 있습니다. 수학 교육과정에서 수학적 사고력이나 창의력을 요하는 과정은 모두 초등학교 수학에 몰려 있습니다. 수학에서 본격적으로 문자를 사용하는 것은 중학교 1학년입니다. 문자를 써서 식을 구하는 단계 이후부터는 수학적 사고력이나 창의력이 별로 발달하지 않습니다.

문자를 사용하면 수학적 사고력이나 창의력을 발휘하는 것보다 쉽게 문제를 풀 수 있습니다. 경시대회가 아니라면 초등수학 개념에 충실하여 문자를 사용하지 않고 수학적 사고력이나 창의력으로 문제를 풀기 위해 고민할 것입니다. 하지만 같은 문제를 풀더라도 경시대회라면 얘기가 달라집니다. 메달의 색깔을 눈앞에 두고 있는 대회에서는 성적이 우선입니다. 다양한 방법으로 고민하기보다 답을 빨리 내는 쪽으로 움직이고 맙니다. 결국 사고하기보다 문자와 식을 사용한 계산력만 사용하는 역효과가 날 가능성이 큽니다.

경시대회에 참가하는 것은 좋습니다. 그런데 상을 타기 위한 참가는 반대합니다. 암기하는 공부법도 반대합니다. 경시대회 문제집을 푼다면 가급적 문자를 사용하지 않고 풀기를 권합니다. 그렇게 하면 수학적 사고력과 창의력을 충분히 개발하는 효과가 있습니다. '답'이 중요한 것이 아니라 '어떻게 풀었느냐'가 중요합니다.

## 수학 영재 전문학원의 허와 실

영재 전문학원은 우리 아이의 부족한 영재성을 키워주는 곳일까요? 아니면 이미 영재인 아이를 데리고 있을 뿐인 곳일까요?

　수학 영재 전문학원이라는 곳의 상당수는 아이를 영재로 키워주지 못할 수 있습니다. 영재 전문학원인데 왜 영재를 키우지 못할까요?

　수학 영재 전문학원의 주 종목은 심화문제 풀이입니다. 어려서부터 한국수학올림피아드(KMO) 스타일의 고도로 심화된 문제를 푸는 기술을 습득하게 합니다. 일부 특출한 학생은 이런 심화문제를 풀면서 자기의 능력을 충분히 키울 수 있지만, 보통의 아이들에게는 쉽지 않습니다. 그래서 오랜 기간 숙련이 필요합니다. 수학 영재 전문학원에 다니는 이유는 일차적으로 과학고나 영재학교에 입학하기 위해서입니다. 다음은 최상위권 대학에 가는 것이 목표가 되겠지요. 극히 소수이지만 사고력 향상이 목적인 경우도 있습니다. 그럼 영재 전문학원에서 가르치는 문제를 한번 살펴보겠습니다.

---

1. $3284^{100}$을 11로 나눈 나머지를 구하여라.
2. 양의 약수가 12개인 자연수가 있다. 이 자연수의 서로 다른 소인수는 3개이고 이들의 합이 20이라고 할 때, 이 자연수를 구하여라.

---

　고작 두 문제이지만 머리가 지끈거립니다. 웬만한 사람은 엄두도

못 낼 정도입니다. 그런데 놀랍게도 초등학생이 풀어야 하는 문제입니다. 대부분의 영재 전문학원에서 다루는 문제는 초등 교육과정을 넘어 대학 과정의 수학을 사용해야 하는 경우도 있습니다. 1번 문제가 여기에 해당됩니다. 2번 문제도 고등학교에서 다루는 개념을 사용해야 합니다. 도저히 이해하기 힘들고 어려운 문제를 그냥 풀라고 하는 것입니다.

영재교육의 목적은 아이의 영재성을 키워주는 것입니다. 그러나 부모님의 목표는 영재성이 아니라 입시에 있습니다. 이에 따라 학원에서도 영재성을 키우기보다는 시험문제 풀이에 집중합니다.

영재학원을 운영하는 어떤 학원장에 따르면, 특목고 입시 대비 학습은 초등학교 4학년부터 중학교 3학년까지 6년간 벌어지는 장기 마라톤과도 같다고 합니다. 이 시기에 많은 아이가 정상적인 교육과정에서 벗어난 매우 어려운 문제들을 풀면서 견딥니다. 가장 큰 문제는 이해할 수 없이 어려운 문제를 푸는 기술을 암기하기 위해 밤을 새워 훈련을 받는다는 것입니다. 사고력의 한계를 뛰어넘는 특수하고 엄청나게 어려운 문제들을 장기간 풉니다. 어려운 문제를 외워서 잘 풀면 사회에서 성공할까요? 수학 문제는 풀어도 사람 사이의 문제는 잘 풀지 못할 수 있습니다. 그럼 과연 행복할까요?

가장 중요한 6년의 시간을 단편적이고 심화된 문제를 푸는 데 사용하면 아이는 어떻게 될까요? 이 시기에 아이들은 사춘기를 겪습니다. 다양한 독서를 통해 이해력과 상상력, 표현력을 길러야 할 시기입니다. 친구들과의 만남을 통해서 의사소통능력과 갈등을 극복하는 힘을 길러야 합니다. 그래야 훌륭한 사회인이 될 수 있습니다. 그런데 그런 기본 소양을 갖추는 일에는 시간을 낼 여유가 전혀 없을 정도로 오로지 심화문제 풀이를 위해 헉헉대며 달려야 합니다.

고등학교에서 문과를 선택하는 아이의 상당수는 수학을 싫어하거나 기피합니다. 그런데 수학을 싫어하는 아이들 중 상당수는 초등 시절에 영재교육원 또는 영재 전문학원에서 수학 영재교육을 받았습니다. 영재교육원 수업 장면을 보면 수학에 몰입하여 과제에 대한 집착력을 보이는 학생들은 일부입니다. 대부분의 아이는 영재교육원 수료, 즉 '스펙'만이 목표입니다.

정말로 수학에 뛰어난 아이들의 경우는 선행학습을 해도 효과를 볼 수 있습니다.

"우리 아이는 두 살 때부터 수를 세기 시작했어요. 네 살에 덧셈과 뺄셈을 했고, 초등학교 들어가기 전에 이미 곱셈과 나눗셈을 끝냈어요. 초등학교 1학년 교과서를 시시하게 생각하는데 어떻게 지도할까요?"

"우리 아이는 수학 문제를 단순하게 풀지 않고 이상한 방법으로 푸는데, 제가 봐도 기발한 것이 많아요. 수학에 특별한 재능이 있는 것으로 보이는데, 가만두면 재능이 썩을 것 같아 안타깝습니다."

교육학 이론에서도 이런 아이들은 별도로 전문가의 지도를 받는 것이 필요하다고 봅니다. 그래서 정식으로 월반을 하고, 다른 아이들보다 초등학교를 빨리 졸업하기도 합니다. 10대의 나이에 대학원 진학도 가능합니다. 수학으로만 보면 불가능한 일은 아닙니다.

그런데 수학에 뛰어나다고 해서 이 아이가 수학만 하고 살아야 할까요? 이 아이에게는 친구가 필요합니다. 정서적인 상태도 중요합니다. 심리적인 안정도 필요하지요. 이런 모든 것을 고려했을 때 10대의 나이에 대학원을 다니는 것은 나름의 문제를 야기할 수 있습니다.

2011년 6월 SBS의 「그것이 알고 싶다」에서 '영재들의 사춘기' 편을 방영했습니다. 1990년대에 미적분을 푼 초등 2학년 학생이 있었습니다. 세상이 떠들썩했지요. 방송을 제작할 때 그 학생은 20대 후반이 되어 있었습니다. 적어도 국제적인 과학자나 수학자가 되어 있어야 했지요. 나중에는 크나큰 연구 업적으로 노벨상 후보가 될 테고요. 하지만 그 학생은 평범한 대학생이 되어 있었습니다.

2000년대에 신동이라고 소문난 학생도 있었습니다. 당시 대학원에 다니고 있었습니다. 하지만 사춘기가 왔는데도 또래 친구들과 어울리지 못하고 형, 누나들과 도서관에서 연구만 하며 살고 있었습니다.

정상적인 학교생활을 누리는 것은 무척이나 중요합니다. 월반을 하더라도 1년 정도면 충분하지, 2~3년을 넘어가면 또래 친구 사귀는 것이 쉽지 않습니다. 정서적 면이 지적능력을 뒷받침해주지 못합니다. 그럼 갈등이 생기게 마련입니다.

이런 아이들은 수학을 빨리 공부하는 것보다 깊고 넓게 학습하게 하는 것이 바람직합니다. 같은 학년의 아이들과 똑같은 내용의 수학 개념을 공부하면서 심화의 정도를 조절하는 것입니다. 다양한 문제 해결능력을 깊이 있게 경험할 수 있는 심화 교재를 지속적으로 학습하도록 배려하는 것입니다. 동시에 거기에 맞는 독서를 병행하는 것도 꼭 필요한 일입니다. 독서의 내용은 철학이나 역사, 사회 문제를 다룬 모든 책을 망라해야 합니다. 수학에만 집중하는 것이 아니라 정서적으로 풍부한 교양과 지식을 겸비한 인재가 되어야 합니다.

## 이제는 모든 아이를 우리 모두의 아이로 키우자

최근 '모든 아이는 우리 모두의 아이'라는 슬로건을 자주 볼 수 있습니다. 아이들을 경쟁적으로 키우는 상대평가의 풍토에서 벗어나 모든 아이를 살려내고 뒤처지는 아이가 없는 절대평가의 문화를 만들려는 반성입니다. 과거 한국 사회에는 경쟁력 있는 인적 자원을 길러내야 한다는 절박감이 있었습니다. 그 탓에 한 아이도 버리지 않는 책임교육으로 가지 못했습니다. 대신 '한 명의 천재가 만 명을 먹여 살린다'는 말로 차별 교육을 정당화했으며 한 명만 살리고 9,999명을 버리는 교육을 당연시했습니다. 그러나 이제는 천재 혼자서 해낼 수 있는 일은 점점 사라지고 있습니다. 어느 한 프로젝트를 수행하려면 수십, 수백의 연구 인력이 붙어 협업을 하는 시대입니다.

우리와 처지가 비슷한 다른 나라들은 이미 한 명의 천재를 살리기보다 만 명 모두가 창의적이고 자주적인 인간으로 성장하도록 돕고 있습니다. 여러 민족이 서로 다르지만 한 가족으로, 같은 구성원으로 살아내야 하는 시대에 우리의 영재교육은 과거로 향하고 있지 않은지 되돌아볼 때입니다.

# 초등 수학 Q&A 77

## 초등 저학년(1, 2학년)

**Q1**　수학은 매일 규칙적으로 일정한 분량을 공부하는 것이 중요하다고 들었습니다. 규칙적인 학습 습관을 들이는 데 방문 학습지 교육이 도움이 될까요?

**A1**　규칙적으로 수학을 공부하는 습관을 만든다는 것은 아주 좋은 생각입니다. 아직은 저학년이지만 중학년이나 고학년에 가면 공부할 내용이 많아지거든요. 그래서 수학 공부 습관이 잘 잡혀 있지 않으면 적응하기가 힘들 수 있어요. 그런데 방문 학습지는 대부분 연산 위주 훈련을 많이 시키고 있어서 개념이나 원리 공부가 잘 잡힐지 걱정입니다. 방문 학습지보다 교과서를 이용하여 앞에서 소개한 '선생님 놀이'를 해보는 것이 더 나은 방법입니다. 저학년은 선생

님 놀이만으로도 충분합니다. 방문 학습지는 자기주도적인 학습 습관 형성에 방해가 될 가능성이 큽니다.

**Q2**  '엄마표'는 제가 꾸준히 신경 써줄 수가 없어 어려울 것 같고, 아이와 같이 문제집을 풀려고 합니다. 어떤 문제집이 좋을까요?

**A2**  문제집보다는 수학 교과서와 익힘책이 우선입니다. 혹시 아이가 수학 교과서와 익힘책의 내용을 어느 정도 소화하는지 체크해보았나요? 지금 확인해보고 부족한 부분이 있다면 해당 부분에 대한 복습을 먼저 해야 하지요. 교과서와 익힘책을 100퍼센트 소화했다고 판단되었을 때 다른 문제집을 고민하기 바랍니다. 중요한 것은 해당 학년의 학습 내용을 소화해내는 것이지 선행학습이 아닙니다. 예습과 복습에서는 『수학의 미래』를 참고하면 도움이 될 것입니다.

**Q3**  주산, 암산이 수학 계산력 향상에 도움이 되나요?

**A3**  우리나라에는 주산이 10단인 사람도 많았는데 이들이 수학자가 된 사례는 거의 없습니다. 심지어 수학과에 진학한 사례도 드물지요. 주산은 일종의 단순 암기입니다. 수의 계산을 암기하기 때문에 일시적으로 계산 시간을 단축해주는 효과가 있을 뿐입니다. 암산 이후에는 반드시 손으로 계산하는 필산도 해줘야 합니다. 하지만 중·고등학교에 가면 주산을 통한 암산 능력은 아무런 쓸모가 없습니다. 중·고등학교에서는 문자가 있는 수식에서 계산이 이루어지므로 주산이 전혀 필요하지 않습니다.

**Q4** 초등 1학년인데 아이가 아직도 수를 더하거나 뺄 때 손가락을 이용합니다. 수를 셀 때도 묶어서 세는 게 빠르다고 가르쳐주었지만 소용이 없습니다. 어떻게 해야 하나요?

**A4** 어른도 수시로 손가락을 이용합니다. 저도 중요한 계산은 손가락을 반드시 이용합니다. 고학년으로 올라가도 손가락셈을 나무라지는 마세요. 또 몇 개씩 묶어 세는 것이 편리함을 체득하면 세는 방법이 좀 더 세련되어질 것입니다. 손가락을 이용하는 것보다 묶어 세는 것이 편리하다는 것만 주지시키고, 판단과 행동은 아이의 발달에 맡기는 것이 좋습니다.

**Q5** 2학년 쌍둥이 딸들에게 어떻게 하면 구구단을 잘 이해하도록 가르칠 수 있을까요? 6단부터는 너무 어렵습니다.

**A5** 구구단, 즉 곱셈구구는 초등학교 2학년에 처음 나옵니다. 아마 부모님도 그 나이에 억지로 외웠던 기억이 있을 것입니다. 구구단을 능수능란하게 외우는 것은 2학년 아이들에게 쉬운 작업이 아닙니다. 가끔 텔레비전 오락 프로그램에 출연한 연예인들이 구구단을 외우지 못하고 틀리는 것을 보게 됩니다. 성인들도 구구단에 대한 기억이 쉽지 않은 것이지요. 곱셈은 본래 덧셈에서 유래한 것입니다. 덧셈 중 '6+6+6+6'과 같이 똑같은 것을 반복해서 더하는 동수누가의 상황을 곱셈 '6×4'로 바꿀 수 있고, 이런 것들을 모아놓은 것이 구구단입니다. 원리를 이해한 다음에는 일정 부분 운율을 두어서 암송하도록 지도하는 것이 꼭 필요합니다.

**Q6**　아이가 계산 실수로 문제를 많이 틀려요. 어떻게 도와줄 수 있을까요?

**A6**　계산을 반복해서 틀린다면 계산의 이해력을 높여주어야 합니다. 초등 저학년의 계산은 덧셈과 뺄셈, 그리고 곱셈이 주를 이룹니다. 덧셈과 뺄셈의 경우, 구체물에서 수식으로 넘어가는 추상화 과정에 어려움을 겪는 아이가 많습니다. 이때는 다양하고 구체적인 상황에서 덧셈과 뺄셈을 연습하고, 그것을 수식으로 추상화하는 과정을 여유롭게 기다려줘야 합니다. 서두른다고 추상적인 능력이 바로 생기지 않습니다. 그리고 2학년에 배우는 곱셈은 일단 같은 수를 반복해서 더하는 동수누가의 원리를 이해하는 것이 중요하고, 원리를 이해한 후에 구구단을 외우는 것까지 병행되어야 합니다. 구구단은 이후에 배우는 나눗셈의 중요한 기초가 됩니다.

**Q7**　아이가 초등학교 2학년인데 쉬운 연산에서도 자주 실수를 합니다. 어떻게 교정할 수 있을까요? 학습지를 꾸준히 하고 있는데, 그래도 교정은 잘 안 됩니다.

**A7**　연산이 약한 것은 연습이 부족해서가 아닙니다. 연산에도 개념과 원리가 있습니다. 반드시 개념과 원리를 이해한 후에 연습해야 합니다. 원리를 모른 채 단순 암기 훈련을 반복하면 한계가 뻔합니다. 암기라는 것도 가끔은 기억나지 않을 때가 있습니다. 그럴 때면 원리에 대한 이해를 수시로 되돌아봐야 합니다. 정확히 이해한 것은 오래 기억합니다. 교과서에서는 한 가지 연산을 여러 방법으로 풀어볼 것을 권장합니다. 이를 귀찮아하는 학생이 많은데, 연산의 원리

를 터득하면 다양한 방법은 오히려 재미로 남습니다.

**Q8**    초등학교 2학년 아들을 두었습니다. 연산문제는 정말 잘 푸는데, 서술형 문제가 나오면 생각하지 않으려 합니다. 다시 풀어보자고 하면 깊이 생각하지 않고 모르겠다고만 하는데, 수학 학원에 다니면 나아질까요?

**A8**    연산을 잘하는 것은 훈련의 덕택일 가능성이 큽니다. 두 수의 덧셈이나 뺄셈을 받아올림이나 받아내림이 있어도 가로셈과 세로셈으로 잘 해결하는데, 문장이 주어지면 그것을 수와 연산이 포함된 수식으로 바꾸지 못하는 아이가 많습니다. 이것은 연산능력 부족이 아니라 문맥에 대한 이해 부족에서 생긴 일입니다. 이때는 독서를 통하여 어휘력과 이해력을 다져야 합니다. 수학 학원에 보내기보다는 집에서 독서를 많이 할 수 있는 환경과 분위기를 조성해주는 것이 필요합니다.

**Q9**    이제 3학년에 올라가는 아이를 두었습니다. 제가 수학을 잘하지 못해서 2학년 때도 전과를 보고 설명해줄 때가 많았는데, 3학년이 되면 수학이 더 어려워진다고 해서 걱정입니다. 지금처럼 전과가 도움이 될까요?

**A9**    부모님이 지금까지 가르치셨군요. 시간이 걸리더라도 아이가 점차 스스로 이해하도록 기다려주면 좋겠습니다. 앞으로 중학교 수학도 직접 가르칠 수는 없으니까요. 아이를 가르칠 때는 일방적으로 가르치려 하지 말고, 아이에게 그날그날 학교에서 배운 것을 본인의 언어와 생각으로 표현해보도록 유도하는 것이 좋습니다. 자기주도

성을 높이지 않으면 사교육의 도움으로 이어질 가능성이 높아요. 앞부분에서 다룬 로드맵을 차근차근 적용해서 3~4학년에는 자기주도 학습 습관을 가질 수 있도록 지도해주세요.

**Q10** 초등 2학년 여아를 두었습니다. 수학 학습을 학원에 다니지 않고 저와 집에서 하고 있습니다. 문제집 단원평가를 통해서 규칙적으로 문제를 푸는데, 아이가 이해한다고 하면서도 황당한 답을 써놓을 때가 있습니다. 제가 설명을 잘해주는 것도 아니어서 걱정입니다.

**A10** 아이가 이해한다고 하는 것을 그냥 넘어가지 말고, 이해한 바를 표현하게 해보세요. 예를 들어 길이의 합과 차를 구하는 단원에서 문제를 풀기 전에 실제로 그 원리를 설명하게 해보는 것이지요. 이 과정에서 부모가 아이의 설명을 듣고 내용이 이해가 된다면 아이는 그 원리를 제대로 이해한 것으로 판단할 수 있습니다. 이렇게 원리의 이해 정도를 정확히 파악한 후에 다시 문제를 풀게 하면 황당한 답을 쓰는 경우가 줄어들 것입니다. 서두르지 말고 원리부터 다져나가기 바랍니다.

**Q11** 책 읽기가 아무리 중요해도 수학에 도움이 될까요? 독서의 효과는 어느 정도인가요?

**A11** 독서는 수학 못지않게 대단히 중요합니다. 독서가 더 중요하다고도 할 수 있습니다. 초등 시절에는 독서를 통해서 이해력과 어휘력을 넓혀놓아야 합니다. 중·고등학교 수학 문제를 보면 문제 하

나에 보통 3~4가지 개념이 얽혀 있는데, 각 개념의 논리적인 선후 관계를 따지고 문제의 조건을 분석할 때 초등 시절의 독서가 큰 힘을 발휘합니다. 눈에 드러나지 않아서 잘 모르고 지날 뿐이지요. 독서가 수학의 기본이 된다고 해도 과언이 아닙니다.

**Q12** 초등학교 1학년 아이인데 학습지를 통해서 1부터 10까지 더하기를 배우고 빼기는 1부터 4까지 학습했어요. 그리고 이후에는 저와 학습하고 있습니다. 그런데 아이가 두 자리 수 빼기를 잘 못합니다. 쉽게 설명해줘도 이해하지 못해요. 어떻게 알려주면 아이가 쉽게 받아들일까요?

**A12** 초등 1학년에게 두 자리 수 빼기는 아직 무리입니다. 아이의 연산능력이 탁월하면 몰라도 가급적 학년을 벗어난 선행학습은 자제하는 것이 좋습니다. 부모님이 수학 개념을 쉽게 설명한다고 해도 그 설명은 아마도 교과서 방식과 같지 않을 것입니다. 부모님이 쉽다고 이해하는 방식과 아이의 이해 방식에는 큰 차이가 있는데, 교과서의 방식이 아이의 인지 발달 과정에 가장 적합하므로 가급적 교과서 방식대로 지도해주는 것이 좋습니다. 그리고 부모님이 가르치는 시간도 점차 줄여야 합니다. 앞으로도 계속 가르쳐줄 수 있는 것은 아니니까요.

**Q13** 초등 2학년 아이를 두었습니다. 수학에서 도형이 여러 개 쌓여 있을 때 위에서 본 모양, 옆에서 본 모양을 찾는 문제, 또는 전개도 문제를 유

특별 부록

독 어려워하는데, 어떻게 가르쳐줘야 할까요?

**A13**  초등학교 저학년은 구체적 조작기의 가장 중요한 시기입니다. 교과서의 쌓기나무가 아니더라도 생활 주변의 다양한 물건을 여러 방향에서 본 모양을 직접 그려보는 경험을 많이 해봐야 합니다. 블록 등을 이용해도 좋습니다. 하지만 입체적으로 그려야 하므로 보고 그려도 쉽지는 않습니다. 실물을 보고 그리는 것이 가능해지면 점차 교과서나 그림을 보고 여러 방향에서 본 모양을 추측해내는 과정으로 조심스럽게 넘나드는 작업을 여러 번 진행함으로써 아이에게 공간 감각이 생기도록 도와주세요.

**Q14**  초등 2학년 아이인데, 나눗셈 세로식을 어려워합니다. 방학 동안 복습과 예습으로 나눗셈에 대한 부분을 학습하고 있는데 아무리 설명해도 세로로 계산하는 방법을 완전히 이해하지 못합니다. 그리고 나머지가 있는 경우와 나머지가 없는 경우의 나눗셈을 헷갈려합니다.

**A14**  나눗셈 세로식은 3학년에서 1년 내내 시간을 들여 가르치는 내용입니다. 그러한 내용을 2학년이 이해한다는 것 자체가 무리일 수 있습니다. 3학년이 되기를 기다렸다가 학교에서 배우는 진도에 맞춰 집에서 예습과 복습을 하면 아이에게 나눗셈 개념이 제대로 생길 수 있습니다. 그리고 교과서에서는 나눗셈을 여러 가지 경우로 나누어 가르치지만 결국 나눗셈을 하는 원리는 하나입니다. 나머지가 있거나 없거나 그 방법은 하나뿐이지요. 그것을 아이가 이해하도록 하면 됩니다.

**Q15** 초등 1학년 아이인데, 수가 커지거나 많아지면 힘들어해요. 예를 들어 (두 자리)÷(한 자리)나 (세 자리)÷(한 자리) 계산은 잘하는데, 수가 많아지거나 계산 과정에서 수가 커지면 겁부터 냅니다.

**A15** 1학년 교과서에 덧셈과 뺄셈의 연산만 나오는 것을 생각하면, 아이가 많이 앞선 과정을 학습하고 있는 것으로 보입니다. 1학년 과정에서는 한 자리 수끼리의 연산을 다룹니다. 한 자리 수끼리 덧셈을 하다 보면 합이 10을 넘어갈 때가 있기 때문에 덧셈의 역연산이라고 할 수 있는 뺄셈에서도 10이 넘는 수에서 한 자리 수를 빼는 것까지만 다룹니다. 그런데 세 자리 이상의 나눗셈을 하는 것은 3학년 수준도 넘는 것입니다. 아이가 실패를 통해 겁을 먹으면 수학에 대한 부정적인 태도를 갖게 될 수 있습니다.

**Q16** 초등 2학년 남자아이인데, 식 계산을 잘 못합니다. '27+29'의 답은 아는데, 27+29=27+( )−1=( )−1=( ) 이런 식의 문제는 이해하지 못합니다.

**A16** 등호의 개념이 부족한 탓입니다. 등호는 양쪽이 같다는 뜻이지요. '5+3=8'이라는 식을 읽을 때 아이들은 '5 더하기 3은 8이다'라고 하거나 '5 더하기 3은 8과 같다'고 하는데, 등호 개념이 명확한 것은 후자입니다. 그러므로 후자와 같은 방식으로 읽도록 지도해주세요. '5와 3의 합은 8이다'라고 읽어도 됩니다. 등호의 개념을 정확히 숙지하고, 그 개념으로 문제를 해결하도록 도와주세요.

특별 부록

**Q17** 초등 2학년 딸이 다른 아이들보다 한 살 어리게 입학해서인지 여러 가지로 힘든 점이 있습니다. 특히 수학을 힘들어하는데 수학에 대한 개념 이해 자체가 다른 아이보다 좀 늦고, 연산 속도도 느립니다. 그래서 아이를 가르치다 보면 답답한 마음에 윽박질할 때도 있습니다. 아이가 수학에 흥미를 가지고 쉽게 이해하도록 도와주고 싶습니다.

**A17** 어릴 때 한 살의 차이는 대단한 것일 수 있습니다. 수학 교육과정은 아이들의 인지 발달 과정을 세심히 고려해서 만든 것입니다. 그러므로 아이가 힘들어하는 이유가 아직 다른 아이들보다 나이가 어린 탓일 수 있습니다. '제 자식은 선생님도 가르칠 수 없다'는 말이 있듯이 부모님이 직접 가르치려다 보면 기다리지 못하고 소리가 높아지며 화가 치솟는 것이 인지상정입니다. 그러므로 가르치기보다는 아이가 이해한 대로 설명하고 표현하게 하는 쪽으로, 뒤따라가는 방법으로 전환할 것을 권장합니다. 아이가 설명할 때 엄청난 반응을 보여주며 응답하는 것이 중요합니다.

**Q18** 초등학교 2학년 수학 과정에는 여러 가지 방법으로 풀기가 많이 나옵니다. 아이가 연산을 못하는 것은 아닌데, 가르기, 모으기를 해서 계산하는 것을 어려워해요. 제 생각에는 가르기, 모으기가 원활히 되어야 다른 사칙연산도 힘들지 않을 것 같은데, 어떻게 하면 잘할 수 있을까요?

**A18** 일단 어떤 방식으로든 결과가 나온다면 다행입니다. 가르기와 모으기 개념이 중요한 것은 사실이지만 그 쓸모가 구체적으로 아이에게 다가오지 않으면 아이는 자기 방식으로만 계산하는 것을 고

집할 것입니다. 그것이 모든 인간의 기본 특성입니다. 따라서 때가 좀 지나 가르기, 모으기 개념이 필요한 시기가 되면 어느 순간 그 개념을 이용하게 될 것입니다. 연산 방법에 가르기와 모으기만 있는 것은 아니니까요.

**Q19** 초등 2학년 아이를 두었는데, 아이가 수학을 좋아하지 않아서 따로 공부를 시키지는 않고 있습니다. 주위에서는 문제집을 매일 한 장씩 풀라고 하는데, 이런 방법 말고 수학을 매일 꾸준히 학습할 수 있는 방법이 있을까요?

**A19** 수학은 매일 꾸준히 해야 하는 것이 맞습니다. 그런데 수학을 좋아하지 않는 것이 문제네요. 아직 어려서 수학에 대한 중요성 또는 필요성이 이해되지 않을 것입니다. 한 가지 방법을 제안한다면, 학교에서 배운 것을 그날그날 설명해보게 하고, 부모님은 잘 들어주세요. 아이의 설명을 들으면서 왜 그런지 자꾸 물어봐주면 아이가 그 이유를 설명하는 과정에서 수학의 필요성을 깨닫게 된답니다. 이 책의 앞부분에 나와 있는 선생님 놀이를 참고하면 좋겠습니다. 이때 아이가 수학을 억지로 공부한다는 생각에 반발감을 갖게 될 수 있으므로 서두르면 안 될 것입니다. 아이와 타협하여 날마다 설명 시간을 조금씩 늘려나가는 방법이 필요할 것으로 보입니다.

**Q20** 초등 2학년 여자아이 엄마입니다. 지금부터 문제 풀이를 시키면 아이가 수학을 싫어할 것 같은데, 그렇다고 안 시키자니 불안합니다. 다른

친구들을 보니 수학만큼은 매일 꾸준히 공부하고 있던데, 어떻게 하는 것이 좋을까요? 고학년이 되어 발등에 불이 붙으면 좌절하고 후회한다고들 하던데, 지금이라도 아이를 붙잡고서 가르쳐야 할까요?

**A20** 저학년에 나오는 수학의 기본 개념을 이해하지 못한 채로 중학년이나 고학년이 되면 어떻게 될지, 충분히 예상할 수 있을 것입니다. 초등학교 저학년의 수학 개념은 대부분 일상생활에서 찾을 수 있습니다. 그래서 아이의 초등학생 시기에 부모님은 수학에 민감해야 합니다. 길을 걸어가거나 시장에서 장을 볼 때, 아이에게 수학적으로 의미 있는 것을 질문하면서도 수학 공부라는 표가 나지 않는 방향으로 생각하고 고민하게 해주면 서서히 아이의 수학적인 감각이 자라날 것입니다. 그리고 교과서 내용을 아이가 이해하고 있는지 그때그때 확인해보는 것도 필요합니다.


**Q21** 우리 아이는 서술형 문제를 풀 때 풀이 과정을 쓰지 않고 답만 씁니다. 답은 잘 맞히고요. 풀이 과정을 쓰라고 해도 왜 써야 하는지 모르겠다고 하는데, 어떻게 설득할 수 있을까요?

**A21** 요즘 학교 평가에서 서술형이 강조되고 있어 신경이 많이 쓰일 것입니다. 서술형을 강조하는 것은 수학의 특성상 바람직한 일입니다. 과거 서술형이 강조되지 않을 때는 선다형이나 단답형이 주를 이루었습니다. 선다형이나 단답형으로는 풀이 과정을 평가하는 것이 어렵습니다. 심지어 풀이 과정을 정확히 모르면서 대충 찍어 답을 맞히는 요행심마저 키워주는 비교육적인 현상이 벌어지기도 했

지요. 풀이 과정을 쓰는 이유를 잘 설명해주세요. 자기 생각이 옳다는 것을 남에게 주장해서 인정받으려면 당연히 남을 설득하는 과정이 필요한데, 그것이 바로 과정을 서술하는 것이라고요.

**Q22** 초등 1학년 아들을 두었습니다. 우리 아들은 문제를 대충 읽고 풀기 때문에 실수를 많이 합니다. 실수를 줄이는 방법이 있을까요?

**A22** 문제를 읽지 않고 대충 푸는 습관은 반드시 고쳐야겠지요. 아이는 아마 수학 문제를 풀 때만이 아니라 다른 과목 문제를 풀 때도 같은 현상을 보일 것입니다. 문제를 문장의 맥락에 따라 정확히 띄어 읽지 않고 그저 보이는 대로 읽을 가능성이 크지요. 문제를 대충 읽는 것이 아니라 문장의 뜻을 이해하지 못하는 것일 수 있습니다. 수학 문제는 조건 하나하나가 중요한 역할을 하기 때문에 대충 읽어서는 문제에서 원하는 바른 답을 쓰는 것이 쉽지 않습니다. 문장제로 된 수학 문제를 천천히 소리 내어 읽으면서 문제를 풀어보면 도움이 될 것입니다.

**Q23** 우리 아이는 문장을 읽고 수식으로 표현하지 못합니다. 식을 세우지 못하거든요. 어떻게 하면 식을 세울 수 있을까요?

**A23** 문장을 읽고 수식으로 표현하지 못하는 것은 아이의 사고가 아직 구체적인 사례 수준에 머물러 있는 것입니다. 예를 들면 "사탕 8개가 있는데 동생에게 3개를 주면 몇 개가 남지?" 하고 물었을 때 아이는 5개라고 답할 것입니다. 이 상황을 식으로 나타내면

특별 부록

'8-3=5'인데, 저학년은 이 과정이 아직 잘 안 될 수 있습니다. 구체적인 사탕의 개수를 추상적인 수로 바꾸지 못하거나 뺄셈(-)이라는 연산으로 연결시키지 못하기 때문인데, 초등 저학년은 한마디로 추상화가 시작되는 시기입니다. 아이가 식을 세울 수 있을 때까지 다양한 상황을 경험하게 해주면 점차 나아질 것입니다.

**Q24** 요즘 영·유아와 초등생을 대상으로 창의 수학 열풍이 불고 있습니다. 안 하면 나중에 공간 개념이 생기지 않는다는 문구가 많이 보이는데, '가베'나 창의 수학 도구가 얼마나 효과가 있는지, 교육 현장에서도 사용하는지 궁금해요.

**A24** 저학년이므로 지필 위주의 문제 풀이가 아닌 활동 위주의 학습은 바람직하다고 생각합니다. 다만 모든 수학을 체험 위주로 학습하는 것은 지양해야 합니다. 사교육에서 유도하는 여러 상품은 가격에 비해 교육 효과가 의심스럽습니다. 고급 프로그램이 꼭 수학 학습과 직결된다고 보기는 어렵지요. 시중에 단품으로 나온 퍼즐이나 저렴한 수학 체험 교구 등을 구입하여 활용한다고 해도 부족한 것은 아니랍니다.

**Q25** 아직 유치원생인데, 초등학교 입학 전까지 두 자리 수 덧셈과 뺄셈, 그리고 구구단까지 외워야 한다고 들었습니다. 무엇을 어떻게 가르쳐줘야 하나요?

**A25** 영재교육으로 유명한 이스라엘 유아교육의 원칙 가운데 하나

는 숫자와 문자 쓰기 지도를 금한다는 것입니다. 그보다 예절 교육이나 지능 개발을 위한 만들기, 그림 그리기, 노래 부르기 등이 유치원에서 주로 진행됩니다. 추상적인 개념을 너무 일찍 강요받으면 스트레스를 받기 때문이지요. 초등 1학년 중에도 '하나, 둘, 셋, ……' 이렇게 세다가 갑자기 '일, 이, 삼, ……'으로 바꾸어 세면서 '1, 2, 3, ……'으로 쓰는 변화가 어리둥절한 아이들이 많답니다. 『개념연결 유아수학사전』을 참고하면 유치원 시절에 놀이를 통해서 수학을 접하는 활동을 많이 해볼 수 있습니다.

**Q26** 저학년인데 수학 동화책이나 수학 잡지 등을 읽는 것이 수학 공부에 도움이 될까요?

**A26** 수학 공부에서는 자신감과 이해력이 중요합니다. 그리고 초등 시절에는 꼭 수학에 관련된 도서가 아니라 다양한 분야의 책을 읽어야 합니다. 아이들에게 필요한 것이 이해력과 상상력, 표현력이라고 하면, 독서는 이 모든 것을 도와주는 중요한 활동입니다. 다양한 독서를 해야 고르게 성장할 수 있습니다. 독서의 결과가 당장 점수로 나타나지는 않겠지만, 모든 공부에서 그 무엇보다도 큰 효과를 발휘할 것입니다.

# 초등 중학년(3, 4학년)

**Q27** 아이가 초등학교 4학년인데 저에게 수학 문제를 물어보면 도무지 어떻게 설명해줘야 할지 모르겠어요. 형편상 과외는 어렵고, 지침서라든가 수학 문제를 설명하는 데 도움이 되는 교재가 있을까요?

**A27** 4학년이라도 부모님이 문제 풀이를 직접 도와주는 것은 무리가 있을 수 있습니다. 문제 속에는 문제에 사용되는 수학 개념이 반드시 있답니다. 심화문제가 아닌 보통의 문제를 풀지 못하는 것은 개념이 부족한 탓입니다. 해당 개념이 있는 교과서 부분을 다시 복습해가며 스스로 풀어내는 습관을 길러주세요. 그리고 형편이 되더라도 자칫 과외나 학원에 맡겨서 아이의 상태가 어떻게 변해가는지 모르는 것보다 직접 부모님이 아이와 함께 공부하며 아이의 현 위치를 파악하고 있는 것이 좋습니다. 이 책 앞에서 설명한 선생님 놀이와 개념 정리 학습 부분을 실천해보면 도움이 될 것입니다. 필요하면 『수학의 미래』를 사용설명서에 맞게 천천히 적용하면 아이에게 스스로 공부할 수 있는 습관을 길러줄 수 있을 것입니다.

**Q28** 초등학교 4학년 아이인데 평면도형의 이동 부분에서 도형 돌리기, 뒤집기, 거울의 위치에 따라 변하는 모습 등을 어려워합니다. 모눈종이에 그려서 돌려본다거나, 직접 거울에 대보는 방법 외에 다른 좋은 방법이 또 없을까요?

**A28** 아이들이 어려워하는 부분 중 하나가 바로 평면도형의 이동

입니다. 이때는 다양한 구체물을 이용하는 방법으로 시작해야 합니다. 돌리기와 뒤집기가 어려울 것입니다. 시곗바늘과 같이 한쪽이 고정된 구체물을 이용하면 돌리기를 할 수 있습니다. 투명 용지를 이용하여 도형을 붙이고 뒤집으면 뒤집기를 할 수 있습니다. 돌리기와 뒤집기 개념을 기초적으로 잡은 다음, 구체물을 이용하지 않고 도형을 이동시키는 작업으로 서서히 나아가보세요.

**Q29** 수학에 있어 기초가 없는 아이들의 경우, 문제를 많이 풀어보는 것이 효과가 있을까요?

**A29** 문제를 많이 푼다고 기초가 잡히는 것은 아닙니다. 흔히 수학의 기초는 개념과 원리라고 말합니다. 다들 알면서도 잘하지 못하는 것은 개념과 원리를 어떻게 하면 이해할 수 있는지가 불분명하기 때문입니다. 부모나 교사가 가르친다고 해서 수학 개념을 습득할 수 있는 것은 아니고 학교 수업 직전에 예습으로 수업을 준비하고 학교 수업 후 복습하는 단계에서 개념을 다져야 하는데, 그 방법은 모든 개념을 아이의 말로 표현하는 선생님 놀이를 하는 것입니다. 가장 좋은 시기는 수학 수업을 받은 바로 그날 저녁입니다. 배운 만큼의 내용을 빠뜨리지 않고 부모님에게 설명하는 것이지요. 3, 4학년인데 기초가 부족하다면 매일 배우는 부분에 관한 내용만 1, 2학년 교과서에서 찾아 복습하도록 해주세요.

**Q30** 수학적 사고력은 언제, 어떻게 기를 수 있나요? 주변에 사고력 수학

을 공부하는 친구들이 많은데, 사고력 수학 문제집을 푸는 것이 수학적
사고력을 기르는 데 진짜 도움이 되는지 궁금합니다.

**A30** 수학을 공부하는 목적 중 하나가 사고력을 키우는 것입니다.
인생에서 사고력은 중요하지요. 사고력이 부족하다면 사회생활에
어려움이 생길 수 있습니다. 그러므로 수학적 사고력을 키우기 위해
늘 노력해야 합니다. 수학을 공부하면서도 사고력에 신경을 써야 합
니다. 그런데 사고력 문제집은 푸는 방법이 문제가 될 수 있습니다.
그래서 사고력 문제집을 푼다고 수학적 사고력이 자라지는 않습니
다. 수학적 사고력은 수학 개념 사이의 논리적인 연결능력을 통해 길
러지는데, 교과서 내용을 설명하는 과정이 도움이 될 수 있습니다.
개념연결에 대해서는 책 앞부분에서 설명한 3단계 개념학습법을 참
고하기 바랍니다.


**Q31** 아이가 초등학교 3학년인데 아직은 제가 가르칠 만해서 수학을 직
접 가르치고 있습니다. 어디서는 연산이 중요하다 하고 어디서는 사고
력이나 창의력이 중요하다고 하는데, 사실 정보가 없어서 무엇이 더 중
요한지 모르겠습니다. 어떤 것을 먼저 하면 좋을까요?

**A31** 연산을 공부하는 이유는 그 자체가 중요해서가 아닙니다. 연
산이 수학 문제를 해결하는 중요한 도구이기 때문입니다. 수학 교과
서에서도 연산이 절반 정도를 차지하고 있다 보니 학교 시험문제의
절반이 연산문제일 수 있습니다. 연산문제를 신속히 그리고 정확히
풀지 못하면 학교 시험 점수를 잘 받을 수 없는 것이 현실이지만 수

학에서 중요한 것은 문제를 해결하는 능력입니다. 그리고 문제를 해결하기 위해서는 사고력이 더 많이 필요합니다. 창의력은 수학 문제를 풀면서 다양한 방법으로 키워야 할 중요한 역량 중 하나입니다.

**Q32**  방학 중 선행학습은 어디까지 하는 것이 좋을까요?

**A32**  방학 중에는 선행학습보다 부족한 부분에 대한 복습이 우선입니다. 다음 학기 것을 굳이 선행하지 않아도 학교 수업 진도에 맞춰 그때그때 결손이 없도록 하면 큰 문제가 없을 것입니다. 그보다는 기초를 다지는 것이 중요합니다. 만약 지난 학기 교과서에 나오는 개념이나 원리를 충분히 이해하고 있으면 다음 학기 예습을 할 수 있습니다. 이때 새 학기 교과서 전체를 예습할 필요는 없습니다. 첫 단원 정도면 충분합니다.

**Q33**  3학년인데도 계산 실수가 잦습니다. 반복되는 연산 실수, 어떻게 고칠 수 있을까요?

**A33**  계산 실수가 잦다면 연산의 개념에 대한 이해가 부족한 것은 아닌지 점검해볼 필요가 있습니다. 그래서 개념 이해가 충분하다면 적당한 훈련이 뒤따라야 하지요. 단순 암기보다는 원리를 이해하게 해보세요. 아이가 이해를 하면 오래 기억하고 실수하지 않을 것입니다.

**Q34**  아이가 아직 시간 계산을 힘들어하는데, 이 부분을 어떻게 설명해줘야 하나요?

**A34**   시간 계산이 힘든 것은 시간의 단위가 보통 사용하는 십진법이 아닌 육십진법이기 때문입니다. 거기다 하루는 24시간인 데서 또 단위가 달라지기도 하고요. 또 다른 이유로 교과서의 시계는 대부분 12시간 한 바퀴가 표준인 아날로그시계인 데 반해, 요즘 스마트폰 등 다양한 시계는 디지털인 것도 생각할 수 있습니다. 그래서 집에 고장 난 아날로그시계가 있으면 좋고, 없으면 사용하는 시계 하나를 아이에게 주고서 맘껏 바늘을 돌려가며 조작해보게 하는 방법으로 우선 시간 개념을 갖도록 해야 합니다. 그리고 시간 계산은 시간과 분, 초를 구별하여 세로로 계산하는 방법이 안전합니다. 이때 자리를 잘 맞춰 쓰는 것이 중요하지요.

**Q35**   학원, 학습지를 끊고 제가 집에서 아이를 가르쳐보려 하는데, 문제집은 어떤 것이 좋을까요?

**A35**   문제집보다는 교과서가 우선입니다. 그리고 익힘책도 참고합니다. 교과서와 익힘책의 내용을 충분히 소화하고도 시간 여유가 있다면 자녀와 상의하며 익힘책보다 조금 난이도가 있는 문제집을 고르는 것이 좋습니다. 심화의 개념을 가지고 문제집을 찾다 보면 아이에게 너무 어려울 가능성이 있습니다. 아이에게 맞는 문제집은 한 페이지에 나온 문제 중 70퍼센트 정도를 스스로 해결할 수 있는 것입니다.

**Q36**   아이가 지금까지 학원이나 학습지 수업 없이도 별 어려움 없이 공부

해왔는데 선행학습을 하다 보니 나눗셈을 어려워합니다. 사칙연산을 많이 풀어보지 못한 것이 원인이라고 생각하는데, 나눗셈을 어떻게 지도해야 할까요?

**A36** 선행학습이므로 이해가 안 되는 것이 당연합니다. 제때를 기다려 학습했는데도 이해되지 않으면 그때는 대책을 세워야겠지요. 사칙연산은 문제를 많이 풀어본다고 반드시 잘할 수 있게 되는 것이 아닙니다. 연산의 원리를 이해하여 계산하는 것은 물론이거니와 도형이나 측정에도 이용할 수 있는 응용력을 갖추는 것이 중요합니다. 나눗셈은 곱셈의 역연산이므로 곱셈의 원리를 이해하지 못하면 나눗셈도 이해하지 못할 수 있습니다. 사칙연산 공부도 그 기본 원리를 충실히 이해하는 데 집중해야 합니다.

**Q37** 초등학교 4학년 아이를 두었습니다. 다른 아이들은 보통 어려운 문제를 틀리게 마련인데, 우리 아이는 쉬운 문제를 틀리고, 어려운 문제는 잘 맞습니다. 기초가 부족하면 어려운 것도 풀어내지 못할 테니 기초가 부족한 건 아닌 것 같은데, 왜 이런 현상이 나타나는 것일까요?

**A37** 쉬운 문제를 틀리고 어려운 문제를 잘 맞히는 것은 크게 걱정할 일이 아닙니다. 보통 공부를 못한다고 하는 아이들의 특징은 문제가 조금만 어려워져도 손을 못 대는 것이지요. 그러므로 이 아이는 공부를 못하는 아이는 아닙니다. 성격의 영향일 수 있습니다. 덜렁댄다거나 성급하다던가 아니면 소심해서 시험 시간에 가슴이 두근거리는 경우일 수도 있습니다. 수학에 대한 자신감과 여유를 키워주세요.

**Q38** 초등학교 3학년 아이의 아빠입니다. 아이가 수에 관심이 많아서 수와 양 개념을 알게 하며 셈을 가르치고 있어요. 아직 분수식은 어려워하는 것 같은데, 어느 수준까지 어떻게 가르쳐야 할까요?

**A38** 분수식은 3학년 과정이 아닙니다. 3학년 이후로 6학년까지 계속해서 분수 개념을 다룹니다. 시기에 맞춰서 분수와 비此의 개념을 이해하고 전체 개념이 세워져야 분수식 계산을 이해할 수 있습니다. 따라서 중학교 입학 전까지 분수 연산을 완성하면 됩니다. 중학교 이후에는 문자가 포함된 연산을 할 수 있어야 하는데, 이때 초등학교 분수 연산이 기초가 됩니다. 분수식은 곱셈, 나눗셈보다 덧셈과 뺄셈이 어렵습니다. 특히 분모가 다른 분수의 덧셈과 뺄셈을 하는 과정에서 이루어지는 통분이나 약분의 개념을 초등학교에서 정확히 다져야 합니다.

**Q39** 아이가 계산, 연산은 그럭저럭 하는데, 공간지각이 부족해서인지 도형, 직육면체 등이 나오면 너무 힘들어합니다. 어떻게 도와줄 수 있을까요?

**A39** 본디 모든 인간은 공간 감각이 부족합니다. 그래서 수학적으로 생각하지 않으면 공간을 이해하기 어렵습니다. 도형은 크게 점, 선, 면으로 나뉘지요. 점과 선으로 이루어진 일차원, 선과 면으로 이루어진 이차원, 면과 면이 이루는 삼차원을 생각하면 공간지각은 삼차원 세계에 속합니다. 인간은 삼차원 속에 살고 있는 동물이기 때문에 삼차원 문제를 시원하게 해결할 능력이 없습니다. 공간의 문제

는 이차원의 책과 그림만 가지고는 이해하기 어렵습니다. 그래서 입체도형 모형을 많이 이용합니다. 블록 등을 활용하면 공간 감각을 키우는 데 도움이 되지요.

**Q40** 초등학교 3학년 딸이 수학을 워낙 싫어합니다. 그래서 어려운 문제가 나오면 겁을 먹고 풀지 않으려 합니다. 저한테 풀어달라고 할 때마다 스스로 한번 고민해보고 생각해서 푸는 연습을 해야 한다고 말해주지만, 통하지 않네요. 어떻게 하면 좋을까요?

**A40** 문제를 억지로 풀게 한 적이 있나요? 잘 해결되지 않는 문제를 강압적으로 푼 경험이 있으면 수학에 대한 부정적인 태도를 갖게 됩니다. 그리고 이후에는 심리적으로 수학을 거부합니다. 아이가 해결할 수 있는 좀 더 쉬운 개념부터 접근해보세요. 개념적인 이해가 충분한지도 꼭 체크해주세요. 그리고 점차 스스로 문제를 해결하는 기쁨을 맛보면서 수학의 세상에 끌려 들어오게 해야 합니다. 지금부터 시작해도 늦지 않습니다. 아직 3학년이니 여유가 있습니다.

**Q41** 4학년 아이인데 수학 문제를 풀 때 푸는 과정을 연습장에 쓰지 않습니다. 빈칸에 달랑 답만 채우는 식이지요. 그러면 안 된다고 매번 잔소리를 하는데도 습관이 잘 안 잡힙니다. 눈으로만 문제를 풀려고 해서 아는 문제인데도 실수하는 일이 종종 일어나는데, 이런 습관은 어떻게 고칠 수 있나요?

**A41** 공부도 습관입니다. 풀이 과정을 깔끔하게 쓰는 습관이 들 때

까지 노력해야 합니다. 왜 풀이 과정을 써야 하는지 아이를 설득해보세요. 자기 생각이 옳다는 것을 남에게 주장해서 인정받으려면 당연히 남을 설득하는 과정이 필요한데, 그것이 바로 풀이 과정을 서술하는 것이라고 설명해보세요. 그리고 문제를 푼 후에 부모님 앞에서 어떻게 풀었는지 설명하고 표현하는 시간을 가지면 설명하는 과정에서 쓰는 연습이 이루어질 것입니다.

**Q42**  4학년 아이인데, 3학년 때까지는 수학을 곧잘 했습니다. 그런데 4학년 올라와서 수학을 너무 어려워합니다. 선행은 생각도 못 하고, 겨우 진도에 맞춰 공부해나가는 중입니다. 지금 분수의 덧셈과 뺄셈을 배우는데, 역시나 많이 어려워합니다. 어떻게 하면 아이가 분수 계산을 쉽게 이해할 수 있을까요?

**A42**  분수의 덧셈과 뺄셈은 이후 분수 계산의 기초가 됩니다. 그런데 분수의 덧셈과 뺄셈 역시 이전의 분수 개념을 연결하여 이해해야 합니다. 분수의 뜻으로부터 분수의 덧셈으로 이어지는 교과서 설명을 정확하게 따라가면서 내용을 설명해보도록 해보세요. 4학년에서는 분수의 덧셈을 분모가 같은 것만 다루지만 이 내용이 5학년에서 다루는 분모가 다른 분수의 덧셈의 기초가 되기 때문에 정확하게 이해하는 것이 필요합니다.

**Q43**  아이가 3학년인데 길이를 이해하지 못합니다. 제가 볼 때는 어떻게 이런 문제를 틀리나 싶은데 본인은 정말 이해가 안 된대요. 어떻게 해야

할까요?

**A43**  어른들은 쉽게 생각하고 이해할 수 있지만 초등학생에게는 어려운 것이 길이 재기입니다. 교과서에서는 처음부터 표준단위인 미터법으로 길이를 재는 것이 아니라 왜 표준단위가 필요한지를 납득시키기 위해 뼘을 이용하기도 하고 발걸음을 사용하기도 합니다. 각자의 뼘이나 발걸음이 서로 달라 의사소통에 문제가 생기는 경험을 통해서 표준단위를 정해 사용하는 것의 편리함을 느끼게 되지요. 이런 맥락을 가지고 지도해보기 바랍니다. 표준단위의 개념이 초등학생의 입장에서는 쉬운 내용이 아니므로 서두르지 말고 기다려주는 것이 중요합니다.

**Q44**  초등학교 4학년 아이의 아빠입니다. 19단을 외워야 하는지 궁금합니다. 외우면 계산능력이 좋아지고 문제 풀이도 빨라질 것 같은데, 수학은 단지 계산을 잘하려고 배우는 과목이 아니니까요. 19단을 꼭 외워야 할까요?

**A44**  아이들은 초등학교 2학년 때 구구단을 배우고 외웁니다. 그리고 부모님도 지금까지 구구단만으로 별 어려움 없이 생활을 했을 것입니다. 19단을 아는 어른들이 몇이나 될지 생각해보면, 19단은 거의 필요가 없다는 결론에 이릅니다. 19단을 직접 이용하는 상황에 한해서만 소용이 있을 것인데, 중·고등학교 수학에서 19단이 사용되는 예는 거의 없습니다. 그러므로 몇 년 후에는 기억에서 사라지고 말 것입니다. 그리고 19단을 외움으로써 생기는 부작용도 생각해

야 합니다. 머릿속에 억지로 19단을 집어넣음으로써 다른 기억이 사라져야 한다면 19단을 굳이 외울 필요가 없겠지요.

**Q45** 초등학교 4학년 때 학습능력이 결정된다는 말을 들었습니다. 그래서 자꾸 조급해집니다. 우리 아이는 아직 수학 문제를 제대로 풀지 못하고 틀린 답을 씁니다. 아이의 수학 실력을 길러주는 방법이 있을까요?

**A45** 수학은 모든 학년에서 배운 것에 결손이 생기면 문제가 됩니다. 4학년에서 문제가 발생했다면 원인은 현재 학년일 수도 있지만, 3학년 이전일 가능성이 더 높습니다. 저학년의 수학 개념은 대단히 어려운 것은 없지만 하나라도 이해하지 못하는 것이 있으면 언젠가는 발목을 잡습니다. 풀지 못하는 문제에 필요한 개념을 하나하나 짚어보세요. 그러면 어디서부터 모르는지 파악할 수 있을 것입니다. 바로 거기서부터 다시 시작하는 것이 올바른 수학 공부 방법입니다.

**Q46** 아이가 초등학교 3학년입니다. 배수 문제를 풀 때, 예를 들어 7000과 700이 몇 배 차이인지를 잘 이해하지 못합니다. 어떻게 해야 쉽게 이해할 수 있을까요?

**A46** 아이가 2년이나 선행을 하고 있네요. 배수 개념은 5학년 이후에 다룹니다. 3학년은 이해하기 어렵기 때문에 5학년 교육과정으로 설정된 것인데, 그걸 미리 하고 있으니 문제가 생기는 것이 당연합니다. 그래도 한번 가르쳐보고자 한다면 아이에게 5학년 교과서를 주고 스스로 이해하는 정도를 보아가며 도와주는 것이 좋습니다. 교

과서가 아닌 문제집 등은 개념 전개가 자상하지 않아서 아이가 개념을 이해하지 못한 채 그저 암기할 가능성이 있습니다.

**Q47** 4학년 아이가 수학을 힘겨워하고 싫어하는데, 어떻게 도와줘야 할지 고민입니다. 학원에 보내본 적은 없는데 제가 성격이 좀 급하다 보니 1학년 때 윽박지르며 가르친 것이 아이를 이렇게 만든 것 같습니다. 저 때문에 아이가 수학을 싫어하게 된 것 같아 죄책감마저 듭니다. 아이가 수학에 흥미를 가지게 하려면 어떻게 해야 하나요?

**A47** 수학에는 왕도가 없다는 말을 상기할 필요가 있습니다. 수학은 아이 스스로 깨우치면서 나아가는 것이 느린 듯해도 정확합니다. 스스로 깨우치면 되돌아가지 않아도 되므로 결국 가장 빠른 길이 될 수 있습니다. 1학년 때 윽박지르며 가르쳤다면 아이에게는 아마도 1학년의 수학 개념부터 부족할 가능성이 많습니다. 확인하는 방법은 1학년 교과서를 펴놓고 아이 스스로 개념을 하나하나 설명하도록 해보는 것입니다. 그래서 부족한 부분을 발견하는 것이 시급합니다. 그러나 회복 과정에서는 서두르지 말고 기다려주는 것을 잊지 마세요.

**Q48** 4학년 아이를 둔 맞벌이 엄마입니다. '엄마표' 수학이라는 것이 있다는데 맞벌이를 하다 보니 실천하기가 어려울 것 같고, 그렇다고 학원에 보내거나 과외를 시킬 여유도 없어 고민입니다. 이런 상황에서는 아이를 어떻게 가르쳐야 하나요?

**A48** 시간이 없더라도 시간을 내보기를 권합니다. 아이를 가르치

특별 부록

려 하지 말고 아이와 함께 있어주는 시간이면 됩니다. 그래서 그 시간에 아이가 공부한 것을 들어주는 부모님이 필요합니다. 들어줄 때는 적당한 질문을 던져서 아이가 개념적으로 설명하도록 도와주세요. 이 책 앞부분에서 소개한 선생님 놀이를 참고해보기 바랍니다.

**Q49** 4학년 아이를 둔 아빠입니다. 아이가 수학을 병적으로 싫어해서 걱정이 됩니다. 초등학교 1학년 때 학습지를 시켰다가 아이가 싫어해서 금방 중단했는데, 그 이후로도 계속 싫어합니다. 다른 과목은 잘하는데 유달리 수학을 싫어해서 수학을 공부하다 잘 모르는 부분이 나오면 화를 내기도 합니다. 어떻게 하면 아이가 수학에 흥미를 가질까요?

**A49** 다른 과목은 잘한다니 다행입니다. 전 과목에서 부진하다면 수학을 공부하는 것이 더욱 어려울 것이지만, 이 아이는 공부를 싫어하는 것이 아니라 수학만 못하고 싫어하므로 회복 가능성이 있습니다. 1학년 수학부터 점검해보세요. 수학은 위계성이 강한 과목이어서 이전 학년이나 학기의 내용을 이해하지 못하면 그다음으로 나아갈 수 없습니다. 그리고 그것이 1~2년 쌓이면 어느새 높은 담이 되므로 감히 올라가지 못하게 됩니다. 담이 더 높아지기 전에 조금씩 낮추는 작업이 필요합니다. 하지만 단번에 해결하고 싶어 조급하게 행동하면 안 될 것입니다.

**Q50** 연산 연습은 어느 정도가 적당한가요? 계산 속도가 느리면 수능 문제를 주어진 시간 안에 미처 다 풀지 못하고 찍는 사례가 많다고 들었습

니다. 그래서 시간을 재면서 연산 훈련을 시키고 있는데 아이가 이 시간을 무척 싫어합니다.

**A50** 수능에서 주어진 시간 안에 문제를 다 풀지 못하는 원인은 계산능력이 아닙니다. 사고력이 부족한 탓입니다. 수능 문제를 출제하는 수학 교수나 교사는 모두 수학을 전공한 사람들이고, 이들 역시 복잡한 계산을 싫어합니다. 그래서 수능 문제의 계산 과정은 예상 외로 대부분 깔끔합니다. 수학자들이 좋아하는 것은 복합적인 사고를 풀어내는 것입니다. 그리고 이때 필요한 능력은 계산능력이 아니라 사고력입니다. 계산도 수학이므로 속도가 중요한 것이 아니라 원리 이해가 중요합니다. 계산 훈련은 적당한 정도에서 마치는 것이 좋습니다.

**Q51** 수학에 남다른 특기가 있는 아이를 키우고 있습니다. 수학 문제를 교과서에 나와 있지 않은 희한한 방법으로 해결하기도 하고, 어떻게 풀었는지 저에게 설명하기도 하는데, 사실 저는 못 알아듣는 경우가 많습니다. 아이의 재능을 썩히는 것 같아서 영재교육 전문학원에 보내고 싶은데, 섣불리 보내면 잘못될 우려가 있다고도 하니 수학에 아무런 재능이 없는 부모로서는 난감할 뿐입니다. 조언 바랍니다.

**A51** 영재교육 기관은 2가지로, 교육청이나 대학 등 국가에서 주관하는 영재교육원과 사설 학원이 있습니다. 부모님들은 어떻게라도 영재교육을 시키려 하지만 두 군데 다 문제가 있을 수 있습니다. 국가에서 주관하는 영재교육원은 아무래도 무료인 만큼 아이들이 열심히 하지 않을 가능성이 있습니다. 실제로 영재교육원 강사들

의 증언도 그렇습니다. '스펙'을 쌓으러 오는 아이들이 많다는 것이지요. 사설 학원은 영재교육의 결과를 과시하기 위해 아이들을 각종 경시대회에 출전시키고 입상하게 만듭니다. 그런데 입상을 목적으로 하는 교육에서는 지적인 희열을 느낄 수가 없습니다. 교육이 단순 암기로 전락할 위험이 있지요. 어려운 문제의 풀이법을 마냥 외우게만 하는 것이 학원의 현실일 수 있습니다. 이런 점들을 주의해야 합니다. 수학 교과서에 있는 모든 개념을 연결하는 능력을 갖추는 것만으로도 충분합니다. 그보다 어려운 문제는 없거든요. 앞에서 다룬 3단계 개념학습법을 충실히 실천하면 영재교육보다 더 큰 효과를 볼 수 있을 것입니다.

**Q52** 교구를 이용한 체험 학습이 수학 공부에 도움이 되나요? 교구를 가지고 노는 시간에 연산 연습을 더 하면 좋겠는데, 아이가 한번 퍼즐을 잡으면 시간 가는 줄 모르고 빠져듭니다. 가만두어도 좋을까요? 저는 시간이 아깝기만 합니다.

**A52** 훌륭한 아이입니다. 퍼즐을 풀면서 희열을 느끼면 몰입을 하게 되고, 이 과정에서 사고력과 창의력이 길러집니다. 수학 공부의 목적은 수학 문제를 풀면서 수학 지식을 갖추는 것만이 아닙니다. 사고력과 창의력을 기르는 것 또한 중요한 목적입니다. 21세기는 수학적 사고력이 더욱 필요한 시대입니다. 아이가 깊이 있는 사고를 요구하는 수학 교구에 시간 가는 줄 모르고 집중할 수 있습니다. 지금 이대로 두는 것이 가장 좋습니다.

## 초등 고학년(5, 6학년)

**Q53** 지금 5학년인데, 4학년 때까지는 수학을 곧잘 했습니다. 그런데 5학년에 올라와서 혼합 계산을 배우며 많이 어려워합니다. 혼합 계산을 쉽게 이해하는 방법이 있나요?

**A53** 자연수의 혼합 계산은 중학교에 올라가서도 반드시 필요한 부분이므로 소홀히 할 수 없습니다. 중학생들에게 설문한 결과, 초등학교 때 배운 내용 중 가장 싫어했던 부분이 자연수의 혼합 계산으로 나타났습니다. 이것은 혼합 계산이 어려워서라기보다 방법과 순서를 무조건 암기하는 방식으로 공부하기 때문입니다. 왜 덧셈과 뺄셈에 앞서 곱셈과 나눗셈을 해야 하는지 이해하지 못하면 이 부분이 당연히 싫어집니다. 교과서는 계산을 그냥 강요하지 않습니다. 문제집으로 공부하게 되면 왜 그런지 알기가 어려우므로 꼭 교과서를 한 줄, 한 줄 읽으면서 곱셈과 나눗셈을 왜 덧셈이나 뺄셈보다 먼저 계산해야 하는지 이해해 나가면 해결되는 문제랍니다.

**Q54** 사고력 수학이 중요해지면서 서술형 문제를 많이 접하게 되는데, 서술형 문제를 잘 해결하는 방법이 있나요?

**A54** 서술형 문제는 논리적인 사고를 요합니다. 논리적인 사고능력은 저학년부터 수학을 공부하면서 길러야 하는 중요한 역량입니다. 고학년이 되면 문제마다 2~3가지의 수학 개념이 포함되어 있습니다. 이때 수학 개념 사이의 논리적인 관계를 이해하지 못하면 문

제를 해결하기가 어렵습니다. 서술형 문제를 푼다는 것은 결국 수학 개념 사이의 관계를 이해하는 것이므로 이 점에 집중하여 공부해봅니다.

**Q55** 예비 중학생인데, 학원에 보내야 할까요? '엄마표' 수학은 어떨까요?

**A55** '엄마표' 수학은 2가지로 생각됩니다. 하나는 엄마가 수학을 아이보다 미리, 그리고 열심히 공부해서 아이를 직접 가르치는 경우이고, 또 하나는 아이가 스스로 할 수 있도록 옆에서 돕는 역할에 충실한 경우입니다. 저는 두 번째 경우를 권합니다. 엄마가 아이를 끼고 직접 가르치는 것은 사교육과 다를 바가 없습니다. 이렇게 해서는 아이가 자기주도적 역량을 키울 수 없습니다. 또 엄마가 고3 과정까지 공부해서 수학을 가르친다는 것은 실현 가능성이 희박하기도 합니다. '엄마표' 수학은 보통 중학생이 되면 '학원표' 수학으로 바뀔 것입니다. 수학은 항상 성인에게 배워야 한다는 생각에서 벗어나 아이가 성인의 도움을 최소화하면서 자기주도적 학습능력을 키울 수 있는 방안을 찾아주세요. 이 책 앞부분에서 그 방안이 될 만한 모든 것을 이미 설명했답니다.

**Q56** 초등학교 6학년이면 하루에 수학 공부를 얼마나 해야 하나요?

**A56** 하루에 공부하는 것을 양적으로 생각하여 문제 수나 쪽수로 규정할 수도 있지만, 시간으로 정할 수도 있습니다. 문제 수나 쪽수로만 규정하면 분량을 맞추기 위해 빨리빨리 해결할 가능성이 있습

니다. 아이가 공부를 대충 할 수 있다는 말이지요. 그보다는 시간을 정하는 방법을 권장합니다. 그래야 깊이 있는 공부를 할 가능성이 커집니다. 대충 끝내지 않고 한 문제라도 집중해서 질 높은 공부를 할 수 있지요. 이렇게 공부해야 사고력 향상에도 도움이 됩니다.

**Q57** 6학년 아이의 수학 공부를 도와주려 합니다. 어떻게 시작해야 하나요?

**A57** 3단계로 얘기할 수 있습니다. 첫째는 학교에서 수학 교과서로 진도 나가는 것을 똑같이 뒤따르는 것입니다. 일주일에 네 번, 학교 수학 수업이 있는 날에 학교 수업을 복습합니다. 그날그날 미루지 않아야 합니다. 둘째는 익힘책입니다. 수학 익힘책은 교과서와 연동되어 있습니다. 익힘책은 하루 정도 여유를 두고 풉니다. 그리고 다음 날, 푼 문제 중 1~2개를 부모님에게 설명해봅니다. 이때 결과만 가지고 채점하는 방식은 지양해주세요. 마지막으로는 적당한 문제집을 한 권 사고, 같이 공부합니다. 간단하지만 정확하게만 하면 수학 공부를 잘할 수 있습니다.

**Q58** 길게 봤을 때 영어와 수학 중 어느 과목에 시간을 더 많이 쏟아야 할까요?

**A58** 두 과목 모두 중요합니다. 그런데 시간으로 따져보면, 실제로 수학을 공부하는 시간이 영어를 공부하는 시간보다 두 배 이상은 물론이고 열 배도 될 수 있습니다. 수학 개념에 대한 이해가 충실한 경우에는 수학 공부에 들어가는 시간이 상대적으로 적을 테지만, 부족

한 부분이 있으면 메꾸는 데 천문학적인 시간이 필요하기 때문입니다. 따라서 수학 개념 이해에 빈 곳이 없도록 하는 것이 중요합니다.

**Q59** 예비 중1인데 중학교 대비 문제집을 많이 푸는 것이 좋을까요? 아니면 교과서를 보는 것이 나을까요?

**A59** 6학년을 마친 겨울방학이라면 중학교 교과서를 하나 구해서 공부하는 것이 좋습니다. 중학교 교과서는 10여 종이나 되지만 내용이 거의 비슷하기 때문에 어느 것이나 상관없습니다. 교과서에는 어느 책보다 개념 설명이 잘되어 있습니다. 아이가 처음 그 개념을 접한다고 가정하여 집필되었기 때문에 혼자서 이해할 수 있도록 배려한 것이지요. 그렇다 해도 아직 배우지 않은 내용을 혼자서 단번에 이해할 수 있을 것이라는 기대는 하지 않는 것이 좋습니다. 대신 그중에서 스스로 이해할 수 있는 것을 찾아내면 즐거운 일이겠지요. 그리고 중1 수학에 관련된 초등 개념이 반드시 있다는 것을 생각하면, 이미 알고 있는 것을 끄집어내어 연결하면 되므로 스스로 이해할 수 있는 내용이 늘어날 것입니다.

**Q60** 아이가 수학을 잘하는 편이 아닙니다. 과외를 시켜보고 싶은데 아이는 학원에 가고 싶어 합니다. 아이 뜻대로 학원에 보내야 할까요?

**A60** 아이가 수학을 잘하는 편이 아니라면 가급적 집에서 부모가 챙기는 편이 나을 것입니다. 학원은 고등학교 후반부에 가서 공부를 다 마친 후, 부족한 부분이 생길 때 잠깐 도움을 받는 것이 좋습니

다. 지금 학원에 발을 들여놓으면 고3까지 혼자 공부하는 자기주도
적 학습 습관이 생기기 어렵습니다. 기초가 부족하다면 수학 교과서
를 다시 보면서 기초를 다져야 합니다. 기본 개념 없이는 수학 공부
에 진전이 있을 수 없습니다. 과외를 하게 되더라도 이런 점들에 주
의할 필요가 있습니다.

**Q61** 아이와 맞지 않아 '엄마표' 수학은 포기했습니다. 학원에 보내는 수
　　밖에 없을까요?

**A61** 아이를 가르치는 일은 쉽지 않습니다. 부모님 입장에서 아이
를 보기 때문에 그렇습니다. 그래서 아이를 도우려면 부모님이 변해
야 합니다. 욕심을 내려놓는 것이 중요하지요. 아이의 현재 모습을
인정해주고, 거기서부터 시작해야 합니다. 지금은 목표만 바라보게
하고 스파르타식으로 끌고 가는 시대가 아닙니다. 학원에 보냈다가
잘못되면 아이는 공부를 포기하게 됩니다. '엄마표' 수학에 실패했
으면 방법을 바꿔보는 것이 좋겠습니다. 아이가 스스로 깨닫도록 배
려하고, 그때까지 기다려주는 인내를 발휘해야 합니다.

**Q62** 수학 문제집은 한 권만 풀면 된다는데, 정말 그런가요? 그렇다면 문
　　제의 양보다 질이 중요한가요?

**A62** 수학 공부는 양보다 질이 중요합니다. 문제집 한 권을 빨리
푸는 것이 무슨 효과가 있을까요? 문제집을 1~2권만 풀고도 수능에
서 만점을 맞은 학생도 있습니다. 이 학생은 문제집을 정말 1~2권

만 풀었는데, 여러 번 풀었다는 것입니다. 문제의 질도 중요하지만 공부하는 방법의 질이 더 중요합니다. 쉽고 단순한 문제를 풀더라도 그것을 확장시키는 방식으로 공부하면 어려운 문제를 푼 이상의 효과를 거둘 수 있습니다. 그리고 자기가 푼 문제를 반드시 친구에게 설명하여 이해시키는 경험을 가장 중요하게 생각한 학생도 있습니다.

**Q63** 아이가 이번에 5학년이 되었는데, 수학이 어려운지 자꾸 하기 싫어하며 짜증을 냅니다. 흥미나 자신감이 많이 떨어진 것 같은데, 어떻게 도와줘야 할까요?

**A63** 인간의 뇌는 무슨 일이든 쉽게 할 수 있는 요령을 찾습니다. 기왕이면 수학을 공부하지 않고 학창 시절을 보내고 싶겠지요. 하지만 수학을 포기하면 여러 가지 문제가 발생합니다. 2가지 접근을 해보세요. 우선은 수학을 포기하지 않도록 교과서만이라도 충분히 공부하게 하고, 어려운 문제집을 풀게 하는 것은 잠시 멈추세요. 그다음은 공부한 것을 설명해보는 기회를 갖도록 하고, 설명이 된 개념은 정확하게 정리하는 데까지 도와주세요.

**Q64** 5학년 아이의 아빠입니다. 아이가 다른 과목에 비해 수학을 어려워하고 점수도 낮아서 걱정입니다. 담임 선생님과 상담을 해보니 문제는 도형이었습니다. 점대칭과 선대칭에 관한 서술형 문제를 모두 틀렸더라고요. 직각 개념도 잘 이해하지 못하는 것 같은데, 이럴 때는 학원이나

과외 선생님 등 누군가의 도움이 필요한 것인가요? 새로운 공부 방법을 찾아야 할까요?

**A64** 누군가 도와줘야 하는 것은 사실입니다. 도우미의 역할을 할 수 있는 사람은 많이 있지만, 부모님이 맡는 것이 가장 좋습니다. 아이가 도형에 약하다고 하지만 수학의 전반적인 면에서 문제가 발생한 것일 수 있습니다. 수학을 어려워하고 점수도 낮다면 어느 한 부분에서만 막힌 것이 아닐 수 있지요. 그러므로 막힌 부분을 찾아 스스로 이해할 수 있을 때까지 부모님이 지켜보는 것에서부터 시작해보세요. 한 개념을 정확히 이해했다고 판단될 때, 그다음 개념으로 넘어갑니다. 아직 시간이 충분하므로 서두르지 않기를 부탁드립니다.

**Q65** 6학년 아이인데 공부하기를 싫어합니다. 한 문제 풀고는 힘들다고 해요. 이러다가는 수학을 포기하게 될 것 같은데, 한번 포기하면 따라잡기 어려울까요?

**A65** 이미 포기 직전인 것으로 보입니다. 문제 풀이를 너무 강요하지 말고, 어디서부터 막혔는지 진단을 먼저 해야 합니다. 부모님과 아이 사이에 많은 갈등이 있었을 것이라는 짐작이 듭니다. 하지만 아이의 현재 상태를 인정하는 것이 중요합니다. 그리고 차근차근 하나씩 챙겨야 합니다. 한꺼번에 해결되지 않으니 장기적인 계획을 세워야 하지요. 초등학교 6년 동안 배운 것을 천천히 정리하고 중학교에 올라가야 합니다. 하지만 6학년 것만이라도 정확하게 정리하도록

해주세요. 중학교에 가면 새로운 상황이 발생하기 때문에 적응이 어려울 수 있습니다. 입학 전까지 어려울 것 같으면, 중학교 입학 후에도 초등 개념 잡기를 계속 병행하세요.

**Q66** 초등학교 5학년 남자아이인데 수학 문제를 풀면 틀리는 문제가 반이상입니다. 오답 노트를 쓰면 좋다는 얘기를 듣고 노트에 틀린 문제를 적긴 하는데, 노트를 어떻게 활용해야 하는지 잘 모르겠습니다. 지금은 문제를 쓰고 풀이 과정을 쓰는 것까지 하고 있습니다.

**A66** 초·중·고 구분할 것 없이 오답 노트를 많이 권하고 있어요. 그러나 오답이 너무 많은 경우에는 노트를 만드는 일이 큰 부담만될 뿐, 효과는 별로 없을 것이라고 생각합니다. 25개 정도의 시험문제 중 3~4개를 틀렸다면 오답 노트를 만들기도 편하고 나중에 봐도 한눈에 실수가 보이므로 효과가 있겠지요. 그러나 문제를 너무 많이 틀린 경우에는 오답 노트 자체가 별 효과가 없을 것입니다. 수학 문제를 푸는 중요한 목적은 답을 구하는 방법을 습득하기 위해서가 아니라 수학 개념 적용 연습을 하기 위해서입니다. 수학 문제를 풀고난 후에 아이에게 남아 있어야 할 것은 문제 푸는 요령이 아니라 수학의 개념입니다.

**Q67** 5학년 아이인데 도형의 넓이 구하는 것을 어려워해요. 분수, 소수를넘어 도형까지 조금만 응용이 되어도 힘들어합니다.

**A67** 분수와 소수 등 연산은 그 원리를 깨닫지 못해도 계산 알고리

즘만 알면 답을 구할 수 있습니다. 그렇지만 중학교 이후에는 문제가 발생합니다. 문자가 포함된 식의 계산을 하는 데 있어서 그 원리는 초등학교의 수의 연산과 마찬가지인데 연산의 원리를 따로 배울 기회가 주어지지 않기 때문입니다. 도형의 경우에는 보조선을 그어야 하는 등 눈에 보이지 않는 감각을 필요로 하는 문제가 어려울 것입니다. 그러나 어려운 도형 문제도 그 기본 개념을 이용하면 결국 해결할 수 있어요. 그래서 기초가 중요하다는 사실은 거듭 강조해도 지나치지 않지요.

**Q68** 초등 6학년 아이가 비율과 백분율을 헷갈려합니다. 저도 알기는 하지만 설명을 하려니 좀 어렵습니다. 비율과 백분율을 쉽게 구분해서 설명할 수 있는 방법이 있나요?

**A68** 비율과 백분율은 서로 구분해야 하는 개념이 아닙니다. 백분율은 비율의 일종이지요. 비율의 개념은 기준량에 대한 비교하는 양의 크기인데, 백분율은 기준량을 100으로 잡을 때의 비율입니다. 그래서 둘을 구분하는 것보다 먼저 비율 개념을 정확히 이해한 다음, 비율에서 백분율을 생각할 때의 차이만 구분하면 됩니다. 비율과 백분율은 일상생활에서 많이 사용되기 때문에 이 둘을 이해하려면 각 개념이 사용되는 실제적인 상황을 살펴보는 것이 효과적입니다. 대표적으로 매일 발표되는 일기예보에서 강수 확률이 백분율이지요.

**Q69** 초등 6학년 아이의 엄마입니다. 공부하는 습관 중에 학교 수업을 예

습, 복습하는 것이 가장 좋다고 들었는데, 습관을 들이려면 어떤 방법이 좋을까요? 지금은 예습 10분에 복습은 30분 정도 하고 있습니다.

**A69** 수학은 예습보다 복습이 중요합니다. 다른 과목은 아이가 배경지식이 부족해도 새로운 것을 이해할 가능성이 크지만, 수학은 위계가 강해서 새로운 것을 이해하기가 쉽지 않습니다. 그래서 배경지식이 부족하면 지금과 같이 예습보다 복습에 많은 시간을 할애하는 것이 바람직합니다. 궁극적으로는 시간을 정하지 말고 그날 배운 것을 다 이해할 때까지 복습하는 것이 좋습니다. 그날 배운 것을 다 이해하지 못하고 이후로 미루면 다시 돌아오기가 어렵습니다.

**Q70** 국가에서 발표한 수학교육정책에 따르면 앞으로 우리나라도 수학 시간이나 수학 문제를 풀 때 계산기 등 공학적 도구 사용을 권장할 것이라고 합니다. 아이가 복잡한 계산을 무척이나 싫어하는데, 계산기를 이용해서 공부하라고 해도 될까요?

**A70** 계산기를 사용하면 복잡한 계산에 쓸데없는 시간을 들이지 않으므로 시간을 효율적으로 관리할 수 있을 것입니다. 그러나 단순한 계산마저도 계산기에 의존하는 버릇이 들면 점점 계산이 싫어지는 것은 물론 계산능력이 도태됩니다. 그래서 계산기는 아무 때나 사용하는 것이 아니라 제한적으로 사용해야 합니다. 국가에서 발표한 방안을 자세히 살펴보면, 계산능력 배양을 목표로 하지 않는 경우의 복잡한 계산 수행, 수학의 개념·원리·법칙의 이해 향상 등을 위하여 계산기 등 공학 도구를 사용할 것을 권장하고 있습니다.

**Q71**　우리 아이는 지금까지 학교 공부에 충실해왔습니다. 물론 학교 시험은 거의 매번 100점을 맞습니다. 그런데 주위를 보면 심화문제를 푸는 아이들이 많습니다. 심화문제를 풀지 않으면 중·고등학교에 가서 어려운 문제를 풀지 못할 거라고들 합니다. 그래서 아이도 심화문제를 풀어보겠다고 하는데, 심화문제는 보통 몇 문제나 푸나요?

**A71**　심화문제를 푸는 목적은 사고력을 키우기 위함입니다. 그런데 사고력은 보통의 문제를 풀면서도 기를 수 있습니다. 둘 사이의 차이는 난이도인데, 꼭 어려운 문제를 풀어야만 사고력이 더 많이 향상되는 것은 아닙니다. 능력이 아직 부족한데 심화문제를 풀면 스트레스만 쌓이고, 문제의 풀이 과정을 단순 암기하는 나쁜 공부 습관을 익힐 가능성이 큽니다. 초등 시절의 심화문제가 중·고등학교에 그대로 나오는 것도 아니지요. 한 문제, 한 문제를 깊이 있게 고민하고 관련된 개념을 논리적으로 연결할 줄 안다면 이미 심화문제를 푸는 것 이상의 사고력을 발휘하고 있는 것입니다.

**Q72**　요즘 수학 경시대회가 여러 기관에서 열리고 있는데, 우리 아이는 참가에 의의를 두는 정도입니다. 좋은 성적을 받지 못하고 있어요. 그런 기관에서 받은 상이 대학 입시에 도움이 되나요? 별도로 교육을 시켜서라도 상을 받게 해야 할까요?

**A72**　공적인 기관에서 주최하는 수학 경시대회가 없는 것을 보면, 수학 경시대회가 꼭 필요한 것은 아니라는 사실을 알 수 있습니다. 대학 이름으로 많이 열리고 있지만 대개는 사교육 기관이 대학 이름

과 장소를 빌려 시행하는 것이므로 그 대학 진학과 직결되는 것도 아니지요. 입상 실적이 상급 학교 진학에 영향을 줄 가능성이 있는 것처럼 보이지만, 그것도 과거 이야기입니다. 지금은 외부에서 받은 상을 학교 생활기록부에 기록하는 것이 철저히 금지되어 있습니다. 학교를 벗어나 교육청에서 실시하는 대회의 수상 실적마저 기록할 수 없지요. 경시대회의 목적은 어려운 문제를 푸는 경험을 하는 것과 실력을 인정받는 정도의 상을 받는 것입니다. 학생으로서는 자기 스스로 성취감을 느끼는 것이 가장 큰 보람일 것입니다.

**Q73**  6학년 아이를 지금까지는 제가 가르쳐왔습니다. 그런데 중학교 책을 보니 겁부터 납니다. 제가 중학교 다닐 때 수학을 싫어했거든요. 그래서 잘 모르기도 하고요. 중학교부터는 학원에 보내고 싶은데, 어떨까요?

**A73**  중학교 수학에 대한 불안감을 씻어야 합니다. 초등학교 수학을 스스로 해낼 정도의 능력이면 중학교 수학도 연장선에 있다고 볼 수 있습니다. 중요한 것은 자기주도적인 능력입니다. 이 책 앞부분에서 설명한 내용을 참고하여 중학교 입학 전에 수학을 개념적으로 공부하는 확실한 습관을 잡아주세요. 초등수학이 얼마나 중요한지 깨닫는다면 중학교 수학 정도는 아무것도 아닐 것입니다. 학원에 의지하게 되면 이후 자기주도적인 공부는 불가능해집니다.

**Q74**  아이가 시험에서 꼭 1~2개를 틀리는데, 이렇게 점수를 받으면 이후

대학 입시에 불리할까요? 초등학교 점수의 대입 반영 비율이 정해져 있나요?

**A74** 초등학교 시험에서 아무리 100점을 많이 받아도 그 기록은 중학교에 가면 사라집니다. 다시 처음부터 시작되지요. 중학교 성적 역시 고등학교 입학에만 사용되고, 이후에는 새로 시작됩니다. 초등학교는 인생의 예선전에 불과합니다. 예선 기록이 결선에 반영되지 않으므로 '올 100'에 신경 쓸 필요가 없습니다. 차라리 고등학교에서 100점 받을 힘을 키워주는 것이 초등에서 해야 할 작업입니다.

**Q75** 학원에 다녀도 아이 성적이 오르지 않습니다. 학원을 바꿔볼까요? 아니면 자기주도로 혼자 공부해봐야 하나요?

**A75** 저는 고등학교에서 25년을 가르친 경험이 있지만, 제자 중 학원에 다녀서 성적이 오른 사례를 거의 발견하지 못했습니다. 그보다는 수학 개념을 꾸준히 하나하나 스스로 깨우친 아이들의 성공 사례가 많습니다. 수학 성적이 올라가는 것은 본인의 내공이 쌓여야만 가능한 일입니다. 누가 되든 다른 사람은 우리 아이의 내공을 쌓아줄 수 없습니다. 지식의 전달도 그냥 듣기만 해서는 가능하지 않습니다. 본인이 철저히 몸으로 체험하고 가슴으로 경험하여 이해하는 것밖에 다른 방법이 있을 수 없습니다.

**Q76** 아이가 수학 시험을 볼 때마다 점수가 계속 떨어지더니 이제는 수학에 자신감을 잃고 포기하겠다고 선언합니다. 이대로 가다가는 수학

을 0점 받는 날이 곧 올 것만 같아 가슴이 두근거리고 잠이 오지 않습니다. 아이에게 수학에 대한 자신감을 회복시켜줄 수 있는 방법을 알려주세요.

**A76** 수학 공부에 있어 자신감은 절대적입니다. 자신감이 없으면 아는 문제도 틀립니다. 시험문제 앞에서 떨면 문제가 보이지 않습니다. 아직 초등학생이기 때문에 얼마든지 회복할 수 있습니다. 지금 다시 시작할 수 있도록 용기를 북돋아주세요. 그리고 그 시작은 본인 스스로 힘으로만 가능합니다. 5학년 때 배운 내용을 모르면 체면 차리지 말고 5학년 교과서를 붙잡아야 합니다. 5학년 때는 이해하지 못했어도 6학년이 되면 보다 쉽게 이해할 수 있고, 이해 속도도 빨라집니다. 그래서 6학년 내용까지 올라오는 기간이 단축되지요. 서두르지 말고 시작해보기 바랍니다.


**Q77** 요즘은 인공지능이나 코딩이 중요한 모양입니다. 특히 이런 첨단 분야에는 수학적 사고가 절대적으로 필요하다고 하는데, 이렇게 수학 교과서만 공부해도 되는지 모르겠습니다. 인공지능 수학을 따로 공부해야 하나요?

**A77** 인공지능은 정말 대단한 발명입니다. 알파고와 이세돌의 대결은 전 세계인들에게 충격으로 남아 있습니다. 인공지능에 관심이 많다면 나중에 인공지능 분야로 진로를 정할 수도 있습니다. 인공지능을 위해서는 수학의 여러 분야가 필요합니다. 그러나 그 모든 수학은 대학 과정 이상에서 배울 수 있는 것이고, 일부는 고등학교 수

학에도 반영되어 있습니다. 초등학교 시절에 바로 인공지능에 필요한 수학 공부를 할 수 있는 것은 아닙니다.

# 지금 공부하는 게 수학 맞습니까?

지은이 | 최수일

초판 1쇄 인쇄일 2022년 4월 29일
초판 1쇄 발행일 2022년 5월 13일

발행인 | 한상준
편집 | 김민정·강탁준·손지원·최정휴·정수림
마케팅 | 이상민·주영상
관리 | 양은진
표지 디자인 | 조경규
본문 디자인 | 한향림

발행처 | 비아북(ViaBook Publisher)
출판등록 | 제313-2007-218호(2007년 11월 2일)
주소 | 서울시 마포구 월드컵북로6길 97(연남동 567-40 2층)
전화 | 02-334-6123 전자우편 | crm@viabook.kr
홈페이지 | viabook.kr